Marie-Odile Buchschmid

facettes 1

Ein Französischkurs

Livre du professeur
Lehrerhandbuch

Max Hueber Verlag

R	3.	2.	1.		Die letzten Ziffern
2002	2001	2000	1999	98	bezeichnen Zahl und Jahr des Druckes.

Alle Drucke dieser Auflage können, da unverändert, nebeneinander benutzt werden.
1. Auflage
© 1998 Max Hueber Verlag, D-85737 Ismaning
Redaktion: Micheline Funke
Umschlaggestaltung: Detlev Seidensticker, München
Zeichnungen: Daniela Eisenreich; Karte: Manfred Bleher
Satz: DTP, Ismaning
Druck und Bindung: MB-Druck, Schrobenhausen
Printed in Germany
ISBN 3-19-023226-1

Sommaire

facettes 1 s'adresse à des apprenants adultes vrais débutants. Marquée par un souci de transparence non démenti, cette méthode facile à utiliser, prend en compte les difficultés propres aux vrais débutants ainsi que l'aspect souvent extensif de la formation aux adultes pour une acquisition rapide et motivante d'une compétence de communication réelle. Grammaire inductive, enseignement de phonétique placé sous le signe du « plaisir des sons », découverte des réalités françaises, telles sont par ailleurs les facettes de l'apprentissage actif et complet que propose cette méthode tonique et souriante.

facettes: la méthode

Une méthode facile à utiliser

Avec *facettes*, les apprenants disposent à la fois d'un livre de l'élève et d'un cahier d'exercices.
Le livre de l'élève est d'un maniement aisé: chaque leçon a sa propre couleur. Ce balisage permet de mieux visualiser les différentes étapes de l'apprentissage. *facettes* 1 s'adressant à un public de vrais débutants, le démarrage est très progressif. La leçon 1 - à laquelle revient le rôle traditionnellement dévolu à la leçon 0 - commence par faire appel aux représentations/connaissances des apprenants sur la France pour arriver tout doucement à la langue française.
Les neuf autres leçons n'excèdent pas neuf pages et sont structurées de manière identique:
- Une page de « mise en route »: elle permet à l'apprenant de « s'échauffer » en réactivant les connaissances qu'il possède déjà, en introduisant le thème de la leçon et en délestant éventuellement l'apport linguistique de cette dernière.
- Au centre de la leçon, un dialogue avec des activités avant, pendant et après l'écoute.
- L'encart grammatical, reconnaissable à sa couleur saumon.
- Des activités créatives et interactives permettant de réemployer librement les structures acquises dans la leçon.
- Le rendez-vous phonétique.
- Le rendez-vous civilisation.
Par ailleurs, enseignant et apprenants identifient sans peine l'objectif des différentes activités à l'intérieur des leçons grâce à la présence de pictos sympathiques et de consignes claires et précises, formulées en allemand jusqu'à la leçon six incluse pour des raisons de confort de l'apprenant. Les exercices du cahier d'exercices vont des plus classiques aux plus créatifs, font appel à des supports authentiques ou semi-authentiques variés (photos, publicités, sondages, statistiques, etc.) et mettent en œuvre les quatre compétences. Un système de renvois au livre de l'élève permet à l'enseignant et à l'apprenant de savoir quand faire l'exercice en question. Le cahier d'exercices peut être utilisé en cours à titre de complément ou bien à la maison pour approfondir, vérifier, fixer les connaissances acquises en cours. Les chiffres dans les pictos du livre du professeur correspondent au numéro de l'exercice correspondant du cahier d'exercices qui commence à la page 95 du manuel.
Les illustrations, qu'il s'agisse de dessins ou de photos, ont été choisies avec soin de manière à ne pas surcharger inutilement les pages du manuel et sont partie intégrante de la démarche pédagogique: rôle de déclencheurs visuels, de visualisation d'un phénomène grammatical, amorce de réflexion...

Cassettes/CD

Deux cassettes/CD regroupent l'ensemble des activités de la méthode: dialogues, activités de compréhension orale, exercices de différentiation phonétique, divertissements.

Livre du professeur

Mode d'emploi de la méthode, il reprécise les objectifs de chaque leçon et propose pour chacune d'entre elles une démarche pédagogique assortie de suggestions d'activités complémentaires, de fiches à photocopier, d'informations socio-culturelles, d'explications grammaticales. Il comporte également des conseils et des « recettes » éprouvés pour un enseignement/apprentissage plus efficace et motivant sans oublier une bibliographie détaillée. Figurent également dans le guide pédagogique les solutions des activités du livre de l'élève ainsi que la transcription des activités de compréhension orale autres que les dialogues.

Lernvokabelheft

Ce carnet a été conçu pour un entraînement autonome du vocabulaire pour les apprenants. Il comprend de nombreux exercices et des jeux de créativité.

Principes méthodologiques

Développement d'une compétence de communication réelle

Pour maîtriser une langue, il faut avant tout la pratiquer, ce qui ne consiste pas seulement à faire des exercices mais aussi être en mesure de recevoir des messages et d'en émettre, ce qui revient à mettre en place, entraîner et développer les quatre compétences: la compréhension orale et écrite dans le cas de la réception de messages et l'expression orale et écrite dans le cas de l'émission de messages. Ce qui signifie également: amener l'apprenant à agir avec la langue et à « interagir » avec les autres apprenants du groupe pour accomplir une tâche ou résoudre un problème de manière à ce que ne prévalent pas en cours les interactions enseignant/ apprenant. Ainsi, peu à peu, l'apprenant prendra confiance en lui et surmontera son appréhension à parler la langue étrangère.

Compréhension orale: la compréhension orale et son vecteur privilégié la cassette sont redoutées par la plupart des apprenants, attitude qui n'est guère favorable à la compréhension! La principale caractéristique de l'écoute, c'est le temps: le message sonore apparaît et disparaît dans un laps de temps extrêmement bref et pour le comprendre, il faut quasiment le décoder et le mémoriser simultanément, ce qui pour un non-natif débutant est très difficile.
Il convient donc de mettre en place, de développer dès le début de l'apprentissage des stratégies d'écoute qui permettent aux apprenants d'aborder cette phase de manière plus sereine. La démarche pédagogique que propose *facettes* consiste à découper l'activité de compréhension orale en plusieurs phases avec des activités avant, pendant et après l'écoute.
Exemple: leçon 3 (page 20)
La mise en page des activités est en accord avec la démarche pédagogique: avant le dialogue, figure un QCM (questionnaire à choix multiples), le genre de QCM que l'on trouve traditionnellement après le dialogue pour vérifier que les apprenants ont bien compris.
Avant l'écoute, il est absolument nécessaire de motiver les apprenants: il faut piquer leur curiosité, leur donner envie d'écouter le dialogue. Grâce à la mise en route (page 19), un contexte - les goûts, les loisirs - a été créé, des moyens linguistiques - le verbe aimer, le vocabulaire des goûts et loisirs - ont été introduits, que les apprenants ont eu l'occasion de pratiquer. Les apprenants cachent le dialogue de la page 20 et observent l'illustration qui permet d'introduire la situation servant de cadre au dialogue. L'enseignant passe en revue le QCM qui renferme déjà une certain nombre d'informations: c'est l'anniversaire d'une personne de sexe masculin et l'on s'interroge sur ses goûts. Les apprenants émettent alors - en allemand - des hypothèses : pourquoi et quand s'interroge-t-on sur les goûts et loisirs de quelqu'un? Pour lui faire un cadeau par exemple. L'écoute de la cassette leur permettra de confirmer ou d'infirmer leurs premières hypothèses.

<u>Pendant l'écoute</u>, les apprenants ont une tâche à accomplir, à savoir se concentrer sur les informations de nature à leur permettre de cocher les cases du QCM et d'identifier le cadeau. Ce faisant, la tendance naturelle des apprenants à vouloir comprendre chaque mot, comme si la compréhension du sens d'un texte dépendait de la compréhension de chacun des mots qui le composent, se trouve « court-circuitée ». Grâce aux activités préalables à l'écoute, les informations à comprendre ont été sélectionnées, le reste du dialogue s'en trouvant relativisé.

<u>Après l'écoute</u>, les apprenants comparent leurs résultats, une seconde écoute pouvant se révéler nécessaire. A l'issue de la mise en commun, le groupe peut aborder les activités d'exploitation du dialogue.

Compréhension écrite: d'une manière générale, les apprenants se sentent insécurisés face à un texte en langue étrangère. Ils ont souvent tendance à se réfugier dans une lecture-décodage et éprouvent déconvenue, déception, découragement en constatant qu'il ne comprennent pas tout. De même qu'en compréhension orale, ils croient souvent que la compréhension d'un texte ne peut venir que de la compréhension de chacun des mots qui le composent. Il convient donc de mettre en place et développer une véritable compétence de lecture, des stratégies de lecture de manière à ce qu'à terme, ils découvrent ce qu'est le « plaisir du texte » dans une autre langue que leur langue maternelle.

facettes propose:

– des documents écrits adaptés au niveau des apprenants.

– des documents variés: notamment ces multiples écrits auxquels on ne pense pas toujours en raison de la survalorisation de l'écrit littéraire (cartes de visite, panneaux de signalisation, bon de commande...). Quant aux textes, ils ont pour point commun de présenter un fort potentiel informationnel qu'ils soient accompagnés de photos, de statistiques ou qu'ils possèdent une structure apparente ou aisément repérable (titres, sous-titres en caractères gras), tous éléments jouant un rôle déterminant dans l'exploitation du document.

Exemple: article de journal (page 82)

Le texte proprement dit a été relégué à la fin de la page pour attirer tout d'abord l'attention sur les statistiques qui figurent également sur cette page et qui servent de base à plusieurs activités avant lecture du texte. A l'issue de ces différentes activités, les apprenants auront mobilisé leurs connaissances - également linguistiques - sur la question et auront acquis un savoir sur le sujet. C'est important dans la mesure où l'on retient beaucoup plus de la lecture d'un texte lorsque l'on possède soi-même des informations sur le sujet dont il traite. Par ailleurs, lorsqu'ils abordent enfin la lecture, les apprenants ont une tâche à accomplir. Comme ils savent ce qu'ils doivent rechercher comme informations dans le texte, ils renonceront à la lecture-décodage.

Expression orale et expression écrite:

facettes invite fréquemment les apprenants à s'exprimer. Pour ce qui est de l'expression écrite par exemple, il n'y a pratiquement pas une page où les apprenants ne soient amenés à concrétiser leurs acquisitions par écrit. Certaines activités sont dirigées, d'autres laissent plus de liberté à l'apprenant.

Cette méthode s'adressant à des débutants, les incitations à s'exprimer oralement l'emportent toutefois.

Les apprenants sont sollicités dès la mise en route. Tout au long des leçons, les activités d'expression orale reviennent régulièrement jusqu'en grammaire et à plus forte raison en civilisation. Les jeux de rôle et autres activités de groupe sont pour l'apprenant autant d'occasions d'apprendre à utiliser la langue, de constater que les autres apprenants ont des problèmes similaires aux siens, mais aussi qu'ils retiennent d'autres mots, qu'ils appliquent d'autres stratégies tout aussi efficaces que les siennes. En outre, le potentiel créatif du groupe est supérieur à celui de l'individu isolé et les interactions inter-apprenants particulièrement enrichissantes.

Retour de la grammaire dans les leçons mais sans «acharnement grammatical»

L'encart grammatical est aisément repérable à sa couleur et regroupe tous les points de grammaire abordés dans une leçon. Ce qui ne signifie pas qu'ils doivent être traités en bloc : la grammaire dans *facettes* est modulable.

Exemple: leçon 6 (page 45)

Les points de grammaire de cette leçon sont l'interrogation, les auxiliaires de mode pouvoir, vouloir et savoir ainsi que le féminin des substantifs. Or, la page de mise en route aborde déjà l'interrogation (« Problèmes de stress, de concentration? Quand? Où? Le prix? »), le dialogue (page 46) comporte de nombreuses questions (« Comment se passe le stage? C'est tout? Qu'est-ce que vous faites l'après-midi? Tu sais dessiner maintenant? Depuis quand? Qui est Florence? ») si bien qu'il est tout à fait envisageable voire souhaitable de traiter l'interrogation aussitôt après le dialogue.

Autre exemple: leçon 7 (page 57)

Au programme de cette leçon, en grammaire: les noms de pays, les adjectifs et le passé composé avec être. Là encore grammaire modulable: à la fin de la mise en route, on peut aborder les noms de pays.

La grammaire est abordée dans une perspective plus communicative que grammaticale au sens strict du terme. Elle est au service de la langue et non le contraire, d'où le choix d'une démarche inductive dont les différentes étapes sont :

1. Sensibilisation: il s'agit par des moyens visuels d'attirer l'attention des apprenants sur les faits grammaticaux au programme de la leçon.

   Exemple: leçon 7 (page 60)

   Le premier point de grammaire est consacré aux noms de pays et le support visuel choisi représente des dirigeables.

2. Une réflexion sur le fonctionnement de la langue s'enclenche à partir de ces supports: cf. exercice 5a. page 60 : « classez les pays dans les dirigeables... Que remarquez-vous? ».

3. Systématisation: l'apprenant est amené lui-même à formuler la règle, cette manière de procéder lui permettant de mieux la retenir dans la mesure où il l'a lui-même découverte.

4. Entraînement, manipulation des formes et des structures grâce à des exercices plus ou moins fermés. Ici, il s'agit de l'exercice 5b. « complétez les phrases ».

5. La perspective communicative n'est jamais absente même en grammaire : les apprenants sont invités à s'exprimer par l'intermédiaire d'exercices ouverts: ici 5c. « Et vous, vous partez où cette année? ».

La progression grammaticale, étudiée avec soin, s'efforce constamment de simplifier l'apprentissage.

Exemple : leçon 7 (page 62)

Le passé composé avec être est introduit après l'accord de l'adjectif, ceci dans la mesure où les règles pour l'accord de l'adjectif et du participe passé sont identiques.

La grammaire est complétée par un précis grammatical rédigé en allemand, agencé selon les rubriques habituelles de la grammaire traditionnelle (la phrase, le substantif, les déterminants, le verbe...). Il se présente comme une synthèse illustrée de nombreux exemples tirés des différentes leçons. Il comporte notamment des tableaux de conjugaison et permet d'aborder des points de détail, des exceptions.

Développement d'une véritable compétence de la perception ou comment faire rimer phonétique et «plaisir des sons»

Avec *facettes*, l'apprenant s'entraîne dès le début de son apprentissage à l'acquisition du système phonologique de la langue française à partir d'activités, qui sont essentiellement placées sous le signe du « plaisir des sons ». Le programme de phonétique proposé par *facettes* 1 aborde des sons qui peuvent être source de difficultés pour des apprenants débutants. Les activités proposées en phonétique sont les suivantes:

1. <u>Présentation du ou des son(s) ou phénomène(s) abordé(s)</u> avec des exemples visualisés ou illustrés de manière humoristique.
   Remarque: les symboles utilisés sont ceux de l'alphabet phonétique international de manière à habituer les apprenants à les manipuler. Ainsi, ils ne seront plus déroutés par la transcription phonétique de l'index du manuel ou d'un dictionnaire et en mesure de retrouver seuls la prononciation de tel ou tel mot.
2. <u>Activités d'écoute</u> qui sont des exercices de discrimination et de reconnaissance auditives parfois complétés par un exercice de réemploi.
3. <u>Activités d'écriture</u> - boîte à rimes par ex. - qui permettent de passer de la phonie à la graphie et qui font appel à la créativité de l'apprenant lui donnant par exemple la satisfaction à un stade peu avancé de son apprentissage de faire des vers en français!
4. <u>Divertissements</u> - poèmes ou comptines - comportant le son ou le phénomène étudié.

Il est souhaitable de procéder à des révisions régulières, qui seront pour les apprenants autant d'occasions d'être de nouveau confrontés aux sons déjà vus, d'améliorer leur compréhension et leur maîtrise de la ligne mélodique du français.

Une découverte active de la civilisation

Les objectifs de *facettes* en la matière sont les suivants:
- *Donner de la France une image contrastée.* La démarche proposée consiste à partir des images qui viennent immédiatement à l'esprit quand on évoque la France et les Français, pour montrer qu'elles existent, qu'elles ne sont pas totalement fausses: c'est vrai que les Français aiment passer des heures à table et qu'ils sont nombreux à jouer à la pétanque. Mais, on ne saurait en rester là, la France bouge, elle évolue.
- *Proposer une civilisation active*: dans la mesure où la présentation de tel ou tel fait de civilisation s'accompagne systématiquement de tâches à accomplir: les apprenants sont amenés à prendre connaissance d'informations, à les rechercher et à en faire la synthèse.
- *Effectuer un va-et-vient constant entre la culture étrangère et la culture maternelle*: la confrontation avec une langue, une culture étrangère est aussi et avant tout peut-être l'occasion d'apprendre beaucoup sur soi.
Exemple: leçon 1 (page 9)
Les apprenants sont amenés à confronter leurs représentations de la France avec celles que des Françaises, les auteurs de *facettes*, ont sur leur propre pays.
Autre exemple: leçon 2 (page 18)
Les apprenants ont l'occasion de découvrir que la bise est un mode de salutation qui obéit à des règles bien précises quoique non codifiées et que les enfreindre peut conduire à une véritable faute culturelle.
Autre exemple: leçon 6 (pages 53 et 54)
L'objectif de ces deux pages est de dépasser l'association français = France, de montrer que le français est parlé en tant que langue maternelle ou seconde un peu partout dans le monde.

Evaluation

L'évaluation se présente sous la forme de deux bilans. Le bilan 1 intervient après la leçon 6, le bilan 2 après la leçon 10. L'esprit qui anime cette méthode se retrouve dans les bilans qui ne se contentent pas d'évaluer la seule compétence linguistique. Il s'agit d'une évaluation globale portant sur toutes les compétences langagières acquises au cours des leçons.

L'auteur tient à remercier Erich Buchschmid, Agnès Bloumenzweig, Rose-Marie Eisenkolb, Micheline Funke et l'Institut français de Munich pour leur précieuse collaboration.

Thème: découverte de la France

Objectifs communicatifs: épeler son nom, saluer, se présenter (nom, ville de résidence, profession), demander à quelqu'un son identité

Grammaire: pronoms personnels (je, vous, il/ elle), s'appeler (je m'appelle et il/ elle s'appelle), être (je suis, il/ elle est et c'est...)

Civilisation: L'Hexagone, réalité économique et socio-culturelle, code des prénoms pour épeler (A comme Anatole, B comme Berthe...), cartes de visite professionnelles, régions et provinces, grandes villes de France.

Avant d'aborder cette première leçon de *facettes*,

– les apprenants et l'enseignant font connaissance. Pour ce faire, constituer des tandems – l'enseignant participe lui aussi –, au sein desquels on fait connaissance en interrogeant son partenaire sur son nom, son prénom et sa motivation à s'inscrire à un cours de français. Puis, chacun présente son partenaire au groupe.
– l'enseignant présente brièvement le manuel et son fonctionnement et répond aux questions que les apprenants peuvent éventuellement se poser sur sa manière d'enseigner, sur le déroulement du cours...

1 Images de France

– Remue-méninges (livre fermé): écrire le mot **France** au tableau. Les apprenants font part des images, de tout ce qui s'impose immédiatement à leur esprit lorsqu'ils pensent à la France. Dans un premier temps, toutes leurs associations sont écrites au tableau sans discrimination, sans commentaires. Dans une seconde phase, proposer aux apprenants d'opérer des regroupements à partir des éléments (éléments touristiques, économiques, politiques, culturels...) qui figurent au tableau afin d'affiner l'image de la France de la classe.
– Les apprenants ouvrent le livre à la page 9 et comparent avec leurs propres images de France. Y a-t-il des aspects communs entre leur production et les aspects présentés sur

cette page? Certaines photos les choquent-elles, les surprennent-elles? Sont-ils d'avis que certains aspects importants ont été omis? Auraient-ils choisi d'autres photos et lesquelles? Certaines photos n'évoquent-elles rien pour eux?...
– Passer en revue les différents aspects avec éventuellement apport d'informations complémentaires.

i

Airbus A 320: lancé en mars 1984, il a effectué son premier vol en février 1987. Airbus Industrie est un groupement d'intérêt économique européen (Aérospatiale 37,9%, Deutsche Airbus 37,95, British Aerospace 20, CASA Espagne 4,2).

Renault Twingo: modèle lancé en 1993. Fait partie des modèles les plus vendus en France à l'heure actuelle.

La Champagne: une des plus célèbres régions viticoles de France. Les grands crus de Bordeaux, de Bourgogne, du Rhône ou de Champagne restent inégalés, la France est le premier producteur mondial de vins d'appellation d'origine. La champagne viticole compte environ 30 000 ha de vignes.

Mitterrand-Kohl à Verdun: 22 septembre 1984, rencontre historique, François Mitterrand débarrasse les Allemands de leur complexe historique d'infériorité et les fait entrer de plein droit dans la construction d'une Communauté européenne démocratique. De son côté, Helmut Kohl déclare que l'unification de l'Europe est l'objectif commun, auquel France et Allemagne travaillent dans l'esprit de la fraternité.

La Pyramide du Louvre: réalisation de l'architecte sino-américain Ieoh Ming Pei à l'initiative du Président Mitterrand, dans le cadre du projet du Grand Louvre, inaugurée le 14 octobre 1988. Un espace d'accueil et d'information sur le musée du Louvre se trouve au sous-sol.

Le Futuroscope de Poitiers: BP 2000 – F-86130 Jaunay-Clan ou bien Futuroscope Deutschlandvertretung Beethovenplatz 1-3 60325 Frankfurt / Main (069.974.67.182). Fondé en 1984 et inauguré en 1987, ce parc européen de l'image réunit plus de 20 spectacles (2 800 000 visiteurs en 95). Sur la photo, on peut voir le Kinémax en forme de cristal de roche.

La Galette des rois: c'est un gâteau traditionnel (pâte feuilletée fourrée à la pâte d'amande) pour la fête de l'Epiphanie, le 6 janvier qui n'est pas un jour férié en France. La tradition veut qu'un enfant se cache sous la table et attribue les parts. La personne qui trouve la fève (à l'origine, il s'agissait d'une véritable fève, aujourd'hui la fève est en porcelaine ou en plastique) se voit couronnée roi ou reine.

Yannick Noah: joueur de tennis de double nationalité française et camerounaise né à Sedan en 1960. Il a remporté les Internationaux de France à Roland Garros en 1983 et il est aujourd'hui sélectionneur et entraîneur de l'équipe de France qui a remporté la coupe Davis en 1991.

Juliette Binoche: actrice française née le 9 mars 1964. S'est illustrée dans des films comme Rendez-vous, L'insoutenable légèreté de l'être, Trois couleurs: Bleu, le Hussard sur le toit...

Les restos du cœur: créés en 1985 par Coluche, il s'agit d'une organisation charitable, animée par des bénévoles et qui distribue des repas aux personnes nécessiteuses partout en France (50 millions en 1995-1996).

– **Images d'Allemagne:** proposer aux apprenants de réfléchir aux images qu'ils choisiraient pour représenter les différents aspects de leur pays. Les apprenants peuvent s'ils le souhaitent réaliser un véritable collage en apportant des photos.

1

2 Hexagone

Attirer l'attention des apprenants sur la vignette accompagnant le titre de cette rubrique et expliquer l'importance et la signification du terme Hexagone (avec une majuscule) qui désigne la France métropolitaine.

Ce terme et l'adjectif hexagonal renvoient à la forme géométrique presque parfaite du pays. L'Hexagone stylisé se retrouve partout dans la vie quotidienne : vignette automobile, symbole de marques, logos... Il donne aux Français un sentiment d'appartenance et de sécurité. Le terme de France a une connotation plus patriotique, plus solennelle alors que l'Hexagone évoque plutôt une réalité esthétique et géographique.

Après avoir parlé de ce que la France représente pour eux (p. 11), les apprenants ont l'occasion d'évoquer leurs souvenirs de vacances ou autres séjours en France.

❶ Les apprenants évoquent leurs souvenirs de France, les régions, les villes où ils sont allés. L'enseignant invitera les apprenants qui ne sont encore jamais allés en France à parler des régions qu'ils aimeraient visiter. Leur demander ce qui les a frappés plus particulièrement lors de ce(s) séjour(s), s'ils ont retenu quelques mots... Ecrire tous les mots qu'ils connaissent en français au tableau de manière à visualiser tout ce qu'ils savent déjà.

❷ – Individuellement, les apprenants regardent la carte, lisent la liste de noms proposés et s'efforcent d'opérer le rapprochement entre chiffres/nombres et noms propres.
– Ils comparent entre eux puis plenum: l'enseignant passe la liste en revue et les apprenants répondent par le chiffre/nombre correspondant. A cette occasion, introduire les chiffres/nombres de 1 à 12: «1, c'est le Nord.»

Solutions:
le Pays Basque: 10, le Languedoc: 8, la Corse: 2, le Périgord: 12, la Normandie: 3, la Lorraine: 9, la Bourgogne: 11, l'Alsace: 4, le Nord: 1, la Provence: 5, l'Auvergne: 7, la Bretagne: 6.

Les noms figurant dans cette liste désignent pour la majeure partie d'entre eux des régions historiques ou d'anciennes provinces. Elles ne correspondent pas tout à fait parfois aux Régions administratives actuelles (voir carte en annexe 1). Après la seconde guerre mondiale, dans le cadre de la reconstruction, l'idée d'aménagement du territoire a conduit à la création en 1955 de 21 Régions pour lutter contre l'hypertrophie de la capitale et la sous-évaluation du reste du pays («Paris et le désert français»). La Corse est devenue une Région à part entière en 1970. Dans chaque Région siège un Conseil régional, élu au suffrage universel depuis la loi de décentralisation de 1982.

Bordeaux: cinquième ville de France, 213 274 habitants, env. 696 400 pour l'agglomération. C'est le plus ancien port de commerce après Marseille . Cité mondiale du vin. Syndicat d'initiative : 12, cours du 30 Juillet 33000 Bordeaux.

Clermont-Ferrand: 140 167 habitants, env. 254 400 pour l'agglomération. Grand centre de l'industrie du caoutchouc et des pneumatiques (Michelin). Syndicat d'initiative: 69, bd Gergovia 63000 Clermont-Ferrand.

Dijon: 151 936 habitants, env. 230 450 pour l'agglomération. Industries alimentaires traditionnelles (moutarde, pain d'épice, etc.). Syndicat d'initiative : 34, rue des Forges 21000 Dijon.

Grenoble: 153 973 habitants, env. 404 700 pour l'agglomération. Centre universitaire et industriel très actif. A accueilli les jeux Olympiques d'hiver en 1968. Ville natale de Stendhal. Syndicat d'initiative: 14, rue de la République 38000 Grenoble.

Lille: 178 301 habitants, env. 959 200 dans l'agglomération. Lille est le cœur d'une agglomération de plus d'un million d'habitants. Le quartier d'affaires ultramoderne Euralille, situé autour de la gare TGV, souligne la vocation européenne de la ville. Ville natale du général de Gaulle. Syndicat d'initiative: Palais Rihour 59000 Lille.

Lyon: deuxième ville de France, 422 444 habitants, env. 1 262 200 pour l'agglomération. Siège d'industries textiles et pharmaceutiques prospères, ville réputée pour sa gastronomie. Syndicat d'initiative: place Bellecour 69000 Lyon.

Marseille: rivalise avec Lyon pour la place de deuxième ville de France, 807 726 habitants, env. 1 231 000 pour l'agglomération. Premier port de France. Ville cosmopolite et très vivante. Syndicat d'initiative: 4, La Canebière 13000 Marseille.

Montpellier: 210 866 habitants, env. 248 300 pour l'agglomération. Une des villes les plus dynamiques et les plus jeunes du Sud: un habitant sur quatre a moins de 25 ans. Syndicat d'initiative: 78, av. Du Pirée 34000 Montpellier.

Nantes: 252 029 habitants, env. 496 000 pour l'agglomération. Forte activité portuaire, constructions navales, industrie alimentaire. Le célèbre Edit de Nantes (1598) accorda la liberté de culte aux protestants. Syndicat d'initiative: pl. Du Commerce 44000 Nantes.

Nice: cinquième ville de France, 345 674 habitants. La plus grande station de la Côte. Centre de tourisme et de conférences. Célèbre carnaval. Syndicat d'initiative: 2, rue Massenet 06000 Nice.

Paris: capitale de la France, sur la Seine, dans le Bassin Parisien; 2 152 423 habitants. La ville de Paris forme à elle seule un département (75) et fait partie de la Région Ile-de-France. L'agglomération parisienne compte 10 660 554 habitants. Centre politique et administratif, Paris est aussi le centre de gestion des affaires françaises. Nombreux musées, universités réputées. Paris joue un rôle économique de premier plan, c'est aussi le premier centre commercial français et aussi le siège de nombreux organismes internationaux.

Rennes: 203 533 habitants, env. 245 100 pour l'agglomération. Vocation de centre culturel et universitaire. Syndicat d'initiative: pont de Nemours 35000 Rennes.

Rouen: 105 470 habitants, env. 380 200 pour l'agglomération. Importante activité portuaire et touristique. Ville natale de Gustave Flaubert. Syndicat d'initiative: 25, pl. de la Cathédrale 76000 Rouen.

Strasbourg: 255 937 habitants, env. 388 500 pour l'agglomération. Carrefour de l'Europe : siège du Conseil de l'Europe depuis 1949, et depuis 1979 du Parlement européen. Syndicat d'initiative: 17, pl. de la Cathédrale 67000 Strasbourg.

Toulouse: quatrième ville de France, 365 933 habitants, env. 650 350 pour l'agglomération. Capitale de l'aérospatiale, berceau de Concorde, d'Airbus et d'Ariane. Syndicat d'initiative: Donjon du Capitole 31000 Toulouse.

– Pour clore cette activité, les apprenants peuvent éventuellement **personnaliser** la carte du livre en y faisant figurer les noms de régions ou de villes où ils sont allés, où ils aimeraient aller. Faire éventuellement une photocopie de la carte figurant en annexe 1 pour faciliter les repérages.

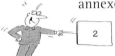

3 Paroles de France

À présent, on entre dans le vif de sujet: la langue française. L'enseignant salue les apprenants et se présente en français cette fois **Bonjour, je m'appelle...** et invite les apprenants à en faire autant **Et vous?**

❶ J'épelle. Ich buchstabiere.
Savoir épeler son nom est important: les Français rencontrent beaucoup de difficultés avec les noms allemands et ont tendance à franciser d'une manière générale la prononciation des noms étrangers, ce qui ne manque pas de piquant parfois!

a. Les apprenants écoutent l'alphabet une première fois sans écrire, réécoutent et cochent sous chaque lettre = ou ≠.

Solutions:
=: *A, B, D, F, I, K, L, M, N, O, P, R, S, T, X*
≠: *C, E, G, H, J, Q, U, V, W, Y, Z*

Insister sur le fait que les lettres se prononçant de manière identique sont plus nombreuses!

b. Indiquer que **mm** se dit **2 m** [døɛm], **ä** se dit **a tréma** ainsi que toute information nécessaire à la prononciation des noms de la classe (présenter les différents accents). Les apprenants s'entraînent seuls dans un premier temps puis chacun épelle son nom.

c. – Prévoir pour chaque apprenant une carte de visite vierge.
   – Ils rédigent leur carte de visite privée ou professionnelle (en ce cas, les aider en leur donnant la traduction ou l'équivalent de leur profession).
   – Ramasser les cartes et les redistribuer de façon à ce que personne n'ait sa propre carte.
   – Un premier apprenant épelle le nom figurant sur la carte de visite qu'il a entre les mains. La personne dont c'est le nom se manifeste en disant **C'est moi!** et épelle à son tour le nom figurant sur la carte de visite qu'elle a entre les mains (écrire **C'est moi!** au tableau et reprendre à chaque fois **C'est Monsieur/Madame/Mademoiselle X**).

Les cartes illustrant cette activité sont des cartes professionnelles: y figurent le nom et le logo de l'entreprise, les nom et prénom de la personne ainsi que sa profession/fonction au sein de l'entreprise et enfin l'adresse de l'entreprise avec les numéros de téléphone et de télécopie. Sur une carte de visite privée figurera la mention Monsieur, Madame, Mademoiselle ou Monsieur et Madame suivie de l'adresse et du numéro de téléphone, sans profession. A noter que le terme «Mademoiselle» est toujours utilisé en français pour toute jeune fille/jeune femme dont on sait qu'elle n'est pas mariée à moins que la personne en question ne demande expressément à être appelée «Madame». Ceci dit, à partir de trente ans environ, l'usage est de dire «Madame» à moins de vouloir flatter une femme, de vouloir lui dire indirectement qu'elle fait très jeune!

d. Les apprenants écoutent la liste sur la cassette et repèrent les deux noms de cette liste qui ne sont pas des prénoms.

Solutions: *Québec et wagon.*

Les Français n'ont recours au «Buchstabier-alphabet» que lorsque le simple fait d'épeler un nom ne suffit pas. Si la personne à qui on épelle son nom, n'a pas saisi, on répétera en ajoutant un prénom de cette liste pour insister: B comme Berthe, U comme Ursule, C comme César, H comme Henri, S comme Suzanne, C comme César, H comme Henri, M comme Marie, I comme Isidore, D comme Désiré ou bien Berthe, Ursule, César, Henri, Suzanne, César, Henri, Marie, Isidore, Désiré pour BUCHSCHMID.

Le Québec: la plus vaste des provinces cana-diennes, située entre la baie d'Hudson et le golfe du Saint-Laurent; 1 540 681 km^2; 6 895 960 habitants, dont 90% de franco-phones. Capitale: Québec, ville principale: Montréal.

Autre activité possible:
– Demander aux apprenants de citer des noms de Français célèbres (personnages historiques, acteurs, artistes etc.), les écrire au tableau jusqu'à obtenir une liste comportant plus de noms qu'il n'y a d'apprenants dans le cours.
– Un premier apprenant épelle un nom choisi au hasard en ayant recours au «Buchsta-bieralphabet» et les autres apprenants s'ef-forcent de reconnaître le nom dont il s'agit.

3, 4, 5

❷ Cartes de visite
a. Aider les apprenants en leur indiquant que les prénoms et les villes figurent soit dans la liste de l'activité 3.1.d. soit sur la carte de la page 10. Une première écoute permettra aux apprenants de repérer les informations demandées, lors de la seconde écoute, ils complètent les cartes de visite du livre.

Solutions:
François Legrand, Lyon / Paul Maigret, Rennes / Suzanne Martin, Marseille Récapituler les solutions en utilisant les structures Il/elle s'ap-pelle, Il/elle habite, Il/elle est.

Transcription:
«Bonjour, je m'appelle François Legrand. J'ha-bite à Lyon et je suis coiffeur.»
«Et moi, j'habite à Marseille. Je suis secrétaire de direction et mon nom, c'est Martin: Suzanne Martin.»
«Moi, je m'appelle Paul Maigret et je suis not-aire à Rennes.»

b. – Ecrire au tableau les trois structures: **je m'appelle , je suis , j'habite** et en parallèle **il/elle s'appelle, il/elle habite, il/elle est.**
  – Faire réécouter les trois personnes qui se présentent dans l'activité 3.2.a. de maniè-re à faire identifier l'emploi de ces struc-tures, à savoir dire son nom, sa profes-sion, son lieu de résidence ou le nom, la profession, le lieu de résidence d'une autre personne.
  – Après avoir écouté le mini-dialogue du livre, les apprenants «discutent» en français par groupes de deux ou trois (s'a-gissant d'une phase de transfert, l'ensei-gnant laissent les groupes d'apprenants s'entretenir et n'intervient qu'à leur demande).

Autre activité possible:
– Distribuer des photos de personnages (inconnus) découpés dans des magazines.

On peut également avoir recours à des photos de personnages célèbres. Les personnages inconnus présentent toutefois l'avantage de sti-muler davantage la créativité des apprenants.

– Par groupes de deux, les apprenants dotent ces personnes d'une identité, qu'ils concréti-sent en réalisant la carte de visite de cette personne (les activités précédentes leur ont permis de se familiariser avec des villes, des prénoms français; ils connaissent également un certain nombre de professions: celles figurant dans le livre sans compter les leurs).
– Lors de la phase de plenum, les apprenants peuvent soit présenter leur personnage (à la 3ème personne) ou en endosser l'identité et imaginer la rencontre de tous les personna-ges créés par le groupe.

Se présenter en français: je m'appelle + prénom, + prénom + nom, ou je suis + Monsieur/Madame/Mademoiselle + nom sans faire mention de ses titres. Lorsque l'on veut se distinguer d'une personne portant le même nom, on se présente en disant «Je m'appelle Monsieur Jean Martin». Ne jamais présenter quelqu'un en disant monsieur ou madame puis le prénom de cette personne. Ce serait un grave impair, cette dénomination n'étant en usage que dans le milieu de la prostitution.

6

Moi, c'est..., et vous?

Thème: rencontres sur le campus d'une université, dans un cocktail, à une conférence, sur le quai d'une gare

Objectifs communicatifs: prise de contact: saluer, s'enquérir de l'état de santé de quelqu'un et répondre de manière appropriée à cette question, présenter quelqu'un, s'assurer de l'identité de quelqu'un, confirmer ou rectifier son identité, s'enquérir du domicile de quelqu'un, décrire son humeur du moment

Grammaire: être au présent, pronoms personnels sujets, pronoms toniques (moi, toi, lui/elle, vous)

Phonétique: [e] et e muet, l'accentuation (mot isolé)

Civilisation: salutations: bonjour ou salut, bise ou poignée de mains?

1 Bonjour ou salut?

❶ – Faire écouter (livre fermé) les quatre dialogues, les apprenants se concentrent sur les bruits et essaient de retrouver les situations à partir des seuls indices sonores.
– Lors d'une seconde écoute, ils s'efforcent de répondre aux questions suivantes: combien de personnes s'expriment dans chacun des dialogues? S'agit-il d'hommes ou de femmes?
– Ils ouvrent le livre, réécoutent et inscrivent sous chaque illustration le numéro du dialogue lui correspondant.

Solutions: *image 1 (cocktail) – dialogue 2 / image 2 (gare) – dialogue 4 / image 3 (campus) – dialogue 1 / image 4 (conférence) – dialogue 3*

❷ Les apprenants se concentrent lors de l'écoute sur les trois mots **bonjour, salut, au revoir** puis vérifient dans les dialogues page 14

Solutions: *bonjour – dialogue 2 / salut – dialogue 1 / au revoir – dialogue 4*

❸ – Les apprenants prennent connaissance des rubriques figurant dans le tableau et lisent les dialogues en effectuant un premier repérage (souligner au crayon de papier les expressions concernées).

– Les apprenants travaillent par groupes de 2 ou 3 personnes, confrontent leurs premiers résultats et remplissent le tableau ensemble.
– Lors de la phase de mise en commun, passer chaque rubrique en revue et apporter les informations nécessaires concernant les salutations et leur emploi ainsi que les règles de tutoiement/vouvoiement.

Solutions: *begrüßen: 1 – Salut, Philippe! 2 – Bonjour, Gérard!*
den eigenen Namen sagen: 2 – Je m'appelle Savin, Gérard Savin. 3 – Je suis Monsieur Jacques Renaud.
nach dem Wohlbefinden fragen: 1 – Comment ça va?/Et toi? 4 – Comment allez-vous?/Et vous?
nach dem Namen fragen: 2 – Madame Dupré, c'est vous? 3 – Vous êtes Monsieur ...?
sagen, wie es einem geht: 1 – Très bien, merci! 4 – Bien, merci/Ça va ...

Bonjour/Salut/Au revoir – Tu/Vous – Ça va?/Comment allez-vous? **i**

Les salutations sont accompagnées ici du prénom de la personne saluée dans la mesure où ces personnes se connaissent bien. D'une manière générale, dire seulement «Bonjour!» est ressenti comme impoli. On ajoute le prénom de la personne comme ici ou Monsieur, Madame, Mademoiselle sans reprendre le nom de famille. L'usage est devenu plus tolérant notamment lorsque l'on salue plusieurs personnes à la cantonade: en ce cas, se contenter d'un simple «Bonjour!» est toléré, mais on constate que de nombreuses personnes éprouvent le besoin de ne pas en rester au simple mot de salutation: «Bonjour tout le monde, à tous, la compagnie...».

Salut (qui signifie bonjour et au revoir) implique le tutoiement, **bonjour** peut être suivi du tutoiement ou du vouvoiement. Le terme **salut** est à manipuler avec précaution! Il est usuel entre jeunes du même âge, membres d'une même famille, amis très proches, des personnes qui se connaissent donc très bien et de longue date. Dans les autres cas, on a recours à **bonjour** qui peut être employé en toutes circonstances.

On tutoie les personnes que l'on connaît bien et on vouvoie celles que l'on ne connaît pas ou pas très bien. Le vouvoiement au sein du couple, de la famille est exceptionnel aujourd'hui si ce n'est à l'égard des beaux-parents. Sur le lieu de travail, on tutoie des collègues de longue date, se trouvant sur le même plan hiérarchique, mais on vouvoie supérieurs et subordonnés.

Ça va? est de plus en plus employé, que l'on connaisse bien les gens ou pas. Ceci dit, cette formule, à l'heure actuelle, devient le simple prolongement de la salutation et n'invite pas la personne à qui elle s'adresse à se lancer dans une description détaillée de son état de santé. La question est purement formelle et l'on se contente d'y répondre brièvement: «Ça va, pas mal, et toi/vous?». Lorsque l'on s'intéresse vraiment à l'état de santé de quelqu'un on aura plutôt recours à «Comment allez-vous, vas-tu?».

❹ – Par deux ou trois, les apprenants élaborent un dialogue prenant appui sur l'une des 4 situations présentées.
– Chaque groupe présente son dialogue au reste du groupe qui identifie la situation choisie.

GRAMMAIRE

Pronoms personnels et pronoms personnels toniques

❺ Les apprenants lisent les explications, soulignent dans les dialogues tous les pronoms personnels et toniques puis font l'exercice 5.

Solutions: *a. Moi/vous. / b. Lui/Elle. / c. vous/moi. / d. toi. / e. lui. / f. toi.*

être

Les apprenants prennent connaissance des formes du verbe et des exemples, recherchent les formes présentes dans les dialogues.

Activité d'entraînement à la conjugaison du verbe être:
– Photocopier l'annexe 2 sur un cartonnage léger puis découper les cartes.
– Prévoir un dé: chaque face du dé correspond à une personne (1 = je, 2 = tu, 3 = il/elle... jusqu'à 6 = ils/elles).
– Chaque apprenant tire une carte, lance le dé et conjugue le verbe être à la personne voulue. Exemple: un apprenant tire la carte **être pianiste** et obtient en lançant le dé le chiffre 4, il dira: «Nous sommes pianistes». (Cette activité doit rester orale pour éviter de rentrer dans des considérations orthographiques (passage au pluriel) prématurées à ce stade.)

❻ Un premier apprenant fait part de son humeur et interroge son voisin ou tout autre apprenant du groupe.

Autre possibilité:
– Photocopier l'annexe 3 en plusieurs exemplaires sur un cartonnage léger de façon à disposer de plusieurs exemplaires de chaque smiley. Découper les smileys de manière à obtenir des cartes de même format.
– Chaque participant tire une carte, fait part de son humeur et interroge son voisin ou un autre apprenant du groupe «Moi, je suis optimiste. Et toi/et vous?».

– Les apprenants possédant la même carte se regroupent et font part de leur humeur «Nous, nous sommes dynamiques!» et restent ensemble pour les deux activités qui suivent.

❼ – Les apprenants travaillent en groupes de deux ou trois personnes et reconstituent les deux dialogues.
– A l'issue de la phase de mise en commun, ils jouent par deux l'un des deux dialogues obtenus.

Solutions:
a. «Salut, Sylvie!
– Salut, Pierre! Comment ça va?
– Bien, et toi?
– Ça va. Tu habites toujours rue de Lille?
– Non, j'habite place d'Italie.»

b. «Pardon, c'est vous Mademoiselle Bossart?
– Non, je m'appelle Brossard, B. R. O. S. S. A. R. D. , et vous?
– Moi, je suis Monsieur Gérard* Cruchet.»
*cf. explications leçon 1 p. 16

❽ En groupes de deux ou trois personnes, les apprenants choisissent une situation, se répartissent les rôles et élaborent un dialogue. Le passage à l'écrit n'est pas obligatoire, cette activité devant être spontanée. Si certains apprenants avaient toutefois absolument besoin de transcrire leur dialogue, ne pas les en empêcher. S'agissant d'une activité de transfert, l'enseignant se tient en retrait, passe de groupe en groupe. A ce stade, il n'est pas nécessaire de passer par une mise en commun où chaque groupe présenterait aux autres son dialogue.

2 Phonétique

Commencer par présenter **le son [e]** et le phénomène du **e muet** à partir des exemples proposés.

❶ – Les apprenants écoutent les mots une première fois et effectuent un repérage purement mental.
– Lors d'une deuxième écoute, leur proposer d'entourer en rouge les mots contenant le son [e].
– Après comparaison et vérification en commun, les apprenants reportent les mots comportant le son [e] dans le panier d'André et les mots comportant un e muet dans le panier de Corinne.

Solutions:
André: allée, thé, café, vous habitez, idée, Désiré, vous allez.
Corinne: bise, j'habite, Nantes, Philippe, banane, France, Jacques, vous êtes.

❷ **Solutions:** *il y a plusieurs manières de l'écrire: é, ée, ez.*

❸ **Solutions:** *le e muet, qui peut s'orthographier «es» se trouve en fin de mot.*

Remarque: Dans un premier temps on en restera là, la règle sera complétée ultérieurement, à savoir que le e à l'intérieur d'un mot n'est pas prononcé s'il n'est précédé que d'une seule consonne. Exemple: déménagement prononcé [demenaʒmã]. Mais, à l'intérieur d'un mot, le e ne «tombe» pas s'il est précédé de deux consonnes. Exemple: règlement prononcé [ʀɛgləmã]. Par ailleurs, le e est la plupart du temps prononcé quand il est placé au début d'un énoncé (mot, syntagme ou phrase). Exemple: [ʀəjɛ̃], [ləʃjɛ̃] [nəmɔʀpa] reviens, le chien ne mord pas.

❹ Les apprenants écoutent la cassette une première fois pour repérer ce qu'ils souligneront ou mettront entre parenthèses lors de la seconde écoute.

Solutions: *a. Jacqu(es) habit(e) ru(e) Emil(e) Zola à Nic(e). / b. Mon bébé s'appell(e) Désiré. / c. Mari(e) est journalist(e) à Nant(es). / d. Allô*, Philipp(e)? Rendez-vous au café «Chez André», plac(e) Anatol(e) Franc(e)! / e. Bonn(e) idée!*

> * Allô: lorsque le téléphone sonne au domicile d'un Français, celui-ci décroche et dit «Allô!». Ce terme sert à indiquer à la personne qui appelle que la communication est établie, mais c'est à cette dernière de s'assurer qu'elle parle bien à la personne qu'elle voulait appeler.

L'accentuation
Les apprenants prennent connaissance de la règle et s'entraînent à prononcer les deux exemples avant de passer à l'exercice 5.

❺ – Lors de la première écoute, les apprenants repèrent la syllabe accentuée.
– Une deuxième écoute leur permet de vérifier leurs premières hypothèses et ils soulignent la syllabe accentuée.

Solutions: *a. Strasbourg / b. Philippe / c. taxi / d. bonjour / e. Alsace / f. André / g. journaliste / h. merci / i. téléphone / j. j'habite / k. pardon*

Parmi les mots de cette liste figurent plusieurs mots transparents au niveau sémantique, mais qui en général ne sont pas accentués de la même manière en allemand et en français: les faire retrouver par les apprenants.

3 Civilisation: les salutations

Cette page se donne pour objectif de venir en aide aux apprenants en répondant aux questions suivantes: en France ou bien face à un Français, quand faut-il faire la bise, quand donne-t-on une poignée de mains?

Pour cela, nous avons choisi de donner la parole à un journaliste allemand, Ulrich Wickert. Dans ce court extrait, Wickert part de l'idée généralement répandue en Allemagne, à savoir que les Français passeraient le plus clair de leur temps à se faire la bise. Pour avoir vécu longtemps en France, Ulrich Wickert a eu l'occasion d'affiner son jugement et de constater que si la bise est effectivement un mode de salutation répandu, elle possède une signification plus profonde. En résumé, on n'embrasse pas le premier venu! Il y a des règles!

– Les apprenants lisent le texte de Wickert.
– Leur demander s'ils ont déjà assisté à un échange de bises, voire s'ils ont déjà expérimenté ce mode de salutation et dans les deux cas ce qu'ils ont éprouvé, s'ils sont d'accord avec le texte...
– Insister sur le fait qu'il existe un véritable mode d'emploi de la bise et qu'enfreindre ce code non écrit peut constituer une véritable faute culturelle. Indiquer que les Français se serrent également la main et attirer l'attention des apprenants sur les dessins et leurs commentaires.

> On serre la main à une personne que l'on ne connaît pas ou avec qui on n'a que des rapports purement formels ou professionnels. On fait la bise aux personnes de sa famille (le nombre de bises échangées varie selon les régions voire les familles), à ses amis proches, à des collègues avec qui l'on travaille depuis longtemps et avec qui on a une relation amicale. On se fait la bise pour se dire bonjour et au revoir. Les hommes entre eux préfèrent généralement la poignée de mains.

«On se fait la bise?» [ɔ̃sfɛlabiz?] (on = nous, cf leçon 3) est une question à laquelle on ne répond pas non, dans la mesure où la personne qui la pose sait/sent que la relation avec la personne à qui elle fait cette proposition est suffisamment avancée pour autoriser ce mode de salutation. Cela se remarque sur le dessin: la personne qui pose la question joint quasi simultanément le geste à la parole.

Quand on est présenté à quelqu'un la première fois, on manifeste sa joie de faire la connaissance de cette personne en disant: «Enchanté(e)!», «Très heureux(se)!» ou bien encore «Ravi(e) de vous connaître!».

– Les apprenants regardent le dessin et le commentent.
– Leur demander de s'imaginer ce qu'ils ressentiraient dans la situation suivante: vous êtes invité à un mariage avec 50 autres personnes. Parmi les personnes présentes, il est d'usage de se faire trois bises pour se dire bonjour et au revoir. Vous aurez échangé combien de bises à la fin de la journée? Cette vision tient-elle pour vous du rêve ou du cauchemar?

Des goûts et des couleurs

Thème: les goûts et préférences, choisir un cadeau d'anniversaire pour quelqu'un en fonction de ses goûts
Objectifs communicatifs: parler de ses goûts (musique, sport, animaux, fleurs, couleurs, langues), nuancer (beaucoup, adorer, détester, ne pas aimer, ne pas aimer du tout), interroger quelqu'un sur ses goûts, confronter ses goûts à ceux d'autrui (moi aussi, moi pas, moi non plus, moi si), demander l'âge de quelqu'un, dire son âge (chiffres et nombres jusqu'à 69), parler de ce que l'on possède
Grammaire: articles définis (le, la, l', les), articles indéfinis (un, une, des), pluriel régulier des substantifs, présent des verbes en -er (aimer, chercher, adorer, habiter, détester, parler), on indéfini, négation (ne/ n'... pas), avoir au présent
Phonétique: intonation et liaison
Civilisation: les goûts et les activités des Français changent

1 Aimez-vous Brahms?

Le titre de cette première partie peut être pris au premier degré comme une question portant sur les goûts musicaux. Au second degré, il comporte une référence au célèbre roman de Françoise Sagan paru en 1959.

❶ Les apprenants observent les images, écoutent les bruits et reportent le numéro d'ordre du bruit dans la case se trouvant sous l'image correspondante.

Solutions:
le musette: 7 / le ski: 10 / les enfants: 2 / les moustiques: 6 / le football: 3 / les chats: 8 / l'opéra: 1 / la pétanque: 4 / le rap: 5 / la chanson: 9 ·

i

Le musette: le musette désigne un bal populaire où l'on danse au son de l'accordéon. Voir la chanson de Michel Sardou «Les bals populaires».
La pétanque: le nom de ce jeu originaire du Sud de la France, qui se joue avec des boules métalliques et une boule en bois plus petite – le cochonnet –, viendrait du provençal«pieds tanqués» (pieds joints et touchant le sol).
Carmen: personnage principal de l'opéra-comique composé par Georges Bizet (1838 – 1875) et inspiré d'un roman de Prosper Mérimée (Colomba). Carmen est une bohémienne rebelle à tout ce qui pourrait entraver sa liberté. Elle mène Don José à sa perte. Fou d'amour, puis de jalousie, ce dernier finira par la poignarder.
Le rap: principaux groupes français: MC Solaar, Fabulous Troubadours, IAM, NTM (nique ta mère), Massilia Sound System.
Patricia Kaas: née en Lorraine (mère allemande) en 1968. Son premier disque financé par Gérard Depardieu est un échec. Elle fait alors la connaissance de Didier Barbelivien qui lui donne une seconde chance avec Mademoiselle chante le blues (1987).

❷ – Apporter une balle (en mousse de préférence).
– L'enseignant dessine un visage souriant au tableau, écrit **j'aime** et énumère tout ce qu'il aime parmi les images proposées en 1: «Moi, j'aime la chanson, les enfants et la pétanque. Et vous?». En disant «Et vous?», il lance la balle à un apprenant qui répond à la question et lance la balle à un autre apprenant, etc.
– Puis, l'enseignant dessine un visage maussade au tableau, écrit **je n'aime pas.** Même activité que précédemment avec ce que l'on n'aime pas cette fois.
– Introduire **Moi aussi, moi pas, moi non plus, moi si** avec l'aide des combinaisons visage souriant et / ou visage maussade (les reporter au tableau éventuellement).
– Les apprenants travaillent en tandem: chacun choisit parmi les images trois choses qu'il aime et trois choses qu'il n'aime pas. Chacun des deux partenaires présente à tour de rôle à l'autre quelque chose qu'il aime / n'aime pas

Autre possibilité:
- L'enseignant présente un jeu de cartes: le verso des cartes est vierge et identique, au recto figure un mot écrit en rouge (Paris, la France, le camembert, le chablis, le ski, l'opéra, etc.) ou un mot écrit en noir (les moustiques, le football, la galette des rois, Juliette Binoche, le brie, etc.). Rouge signifie **j'aime**, noir **je n'aime pas.**
- Une personne tire une carte au hasard et en fonction de la couleur du mot figurant sur cette dernière, dit **j'aime...** ou **je n'aime pas....**
- Les apprenants qui aiment aussi ou n'aiment pas non plus se lèvent et disent tous ensemble **Moi aussi!** ou **Moi non plus!**.
- Les apprenants qui n'aiment pas ou aiment au contraire, restent assis, attendent que les premiers aient exprimé leur opinion et disent à leur tour **Moi pas!** ou **Moi si!**.

❸ – Faire deviner aux apprenants le sens du mot **animaux.**
- Individuellement, les apprenants classent le vocabulaire de 1 dans les rubriques appropriées.

Solutions:
Les animaux: les moustiques, les chats
La musique: le musette, l'opéra, le rap, la chanson
Le sport: le ski, le football, la pétanque
Les enfants sont inclassables!

Le vocabulaire se retient plus facilement lorsqu'il est présenté et appris par thèmes (cf. également exercice 3 «J'aime... et vous?»).

2 Bon anniversaire

❶ – Faire cacher le dialogue.
- Les apprenants observent l'illustration et cherchent à déduire le sens de **Bon anniversaire!**
- Passer en revue les rubriques du QCM, expliquer **adorer** et **il aime** (faire remarquer que la forme du verbe est la même pour la première et la troisième personne du singulier). Leur indiquer qu'ils doivent se concentrer sur la recherche des réponses au QCM lors de l'écoute du dialogue, que le reste du dialogue dans un premier temps est inintéressant.

Cette manière de procéder – donner une consigne d'écoute – permet de lutter contre la tendance naturelle à la majorité des apprenants consistant à vouloir comprendre chaque mot entendu et à se bloquer sur le premier non compris. Lorsque les apprenants n'ont aucune tâche à accomplir en écoutant la cassette, ils se laissent plus facilement décourager «De toute façon je ne vais rien comprendre!» que lorsque l'écoute leur est présentée comme un moyen de recueillir des informations.

- Les apprenants écoutent le dialogue une ou deux fois et cochent la réponse exacte.

Solutions:
C'est l'anniversaire de Victor. Il aime le karaté. Il adore le rap.

❷ – Les apprenants prennent connaissance des cadeaux possibles pour l'anniversaire de Victor dont l'enseignant prononce les noms.
- Ils réécoutent le texte pour répondre à la question: «Qu'est-ce que c'est comme cadeau?» (Présenter **qu'est-ce que c'est?** comme équivalent de **was?**).

Solution: *le cadeau, c'est une cassette vidéo.*

Autre possibilité :
- découper dans un catalogue des photos des idées de cadeaux présentés page 20.
- simuler un anniversaire: celui qui «fête» son anniversaire tire une photo.
- les autres l'interrogent: «qu'est-ce que c'est comme cadeau ?».
- la personne interrogée répond: «le cadeau, c'est une cravate. »

❸ – Passer en revue le vocabulaire présenté.
- Attirer l'attention des apprenants sur les encadrés du bas de la page dont le contenu permet de personnaliser ses réponses, de les rendre plus authentiques.
- Les apprenants travaillent en tandem et

s'interrogent mutuellement, puis présentent leur partenaire en utilisant **il / elle aime, il / elle déteste**...

Autre possibilité:
- Chaque apprenant rédige une petite fiche comportant quatre phrases susceptibles de répondre aux questions «Qu'est-ce que vous aimez comme fleurs, couleurs, langues, sports?». Par exemple: j'aime les marguerites mais je n'aime pas du tout les tulipes / j'adore le rouge mais je déteste le jaune / j'adore le français et j'aime aussi l'anglais / je déteste le sport.
- Ensuite chacun lit sa fiche au reste du groupe (interdiction de prendre des notes!).
- L'enseignant ramasse les fiches, les mélange. Il en prend une au hasard, la lit en disant par exemple «Il ou elle aime...» et demande «Qui est-ce?». L'auteur de la fiche, une fois identifié, tire la fiche suivante, etc.

1, 2, 3

GRAMMAIRE

Les articles

❹ – Les apprenants relisent les trois premières pages de la leçon pour retrouver les substantifs susceptibles de remplir les ballons. Dans le quatrième ballon, ils inscrivent ce qu'ils aiment eux.

Solutions:

le: ski, musette, football, rap, sport, karaté, jazz, cinéma, noir, blanc, rouge, vert, bleu, jaune, français, tennis, yoga
la: pétanque, chanson, musique, la gymnastique, la voile
les: enfants, moustiques, chats, animaux, marguerites, roses, tulipes
l': opéra, anniversaire, espagnol, italien, anglais

- Les interroger sur leurs conclusions avant de passer à la lecture des encadrés relatifs aux articles définis et indéfinis. Insister sur l'emploi du l' devant voyelle ou h muet sur

la marque du pluriel qui affecte aussi le substantif, sur l'existence d'un article indéfini pluriel à la différence de l'allemand.

Les verbes

- Les apprenants recherchent dans les pages précédentes les formes du verbe **aimer (j'aime, il aime, vous aimez)**.
- Ils prennent connaissance des autres formes: à l'écrit, il y a 5 formes différentes.
- Faire écouter les différentes formes et demander aux apprenants de noter le nombre de formes différentes à l'oral: il n'y en a plus que 3: 3 fois [ɛm], [ɛmɔ̃] et [ɛme]. Rapprocher **aiment** de **aime** permet de prévenir la nasalisation de la terminaison de la 3 ème personne du pluriel.
- Le poisson rappelle la présence d'un «e» muet (cf phonétique de la leçon 2).
- Insister sur la liaison des trois personnes du pluriel (le phénomène de la liaison sera expliqué dans la partie phonétique) et l'enchaînement de la 3ème personne du singulier.
- Signaler que les deux verbes **adorer** et **habiter** se conjuguent de la même manière.
- Par l'intermédiaire de la conjugaison du verbe chercher (sur le même modèle **détester** et **parler**), insister sur la transformation de **je** en **j'** devant voyelle ou h muet.

On

Les apprenants ont rencontré le pronom indéfini dans la partie civilisation de la leçon 2. Insister sur le fait que s'il équivaut fréquemment à **nous** du point de vue du sens, il n'en reste pas moins grammaticalement parlant une 3ème personne du singulier.

❺ Les apprenants complètent les phrases en écrivant la terminaison des verbes, écoutent la cassette pour vérifier.

Solutions:
a. Vous habitez / j'habite
b. il aime / il adore / il déteste
c. tu cherches / les Dupont* adorent / ils n'aiment pas
d. je n'aime pas
e. Vous vous appelez / Je m'appelle
* Les noms de famille ne se mettent pas au pluriel.

4, 5, 6

Négation

– Les apprenants ont déjà utilisé la négation au cours des diverses activités de cette leçon. Elle est à présent systématisée. Insister sur la transformation de **ne** en **n'** devant voyelle ou h muet (idem **je / j'**, **la** ou **le** en **l'**). Puis passer aux exercices 6 et 7.

❻ Solutions:
a. Il ne cherche pas la rue des Rosiers
b. Il n'est pas architecte
c. Il ne parle pas français

❼ Solutions:
a. Non, je ne parle pas anglais.
b. Non, il n'a pas dix-huit ans.
c. Non, ce n'est pas son anniversaire.
d. Non, elles n'aiment pas le yoga.
e. Non, ce n'est pas moi.
f. Non, ils n'habitent pas à Vienne.

– Puis demander aux apprenants d'observer attentivement les phrases interrogatives de l'exercice. Que remarquent-ils? Expliquer que le simple fait d'adopter une intonation montante transforme une phrase affirmative en phrase interrogative.

❽ – Distribuer des fiches cartonnées aux apprenants.
– Chacun indique sur sa fiche au moins trois choses qu'il aime particulièrement. Les inviter à nuancer leurs phrases à l'aide des verbes et expressions de la page précédente.
– Ramasser les fiches, les mélanger et les redistribuer dans un ordre différent de manière à ce qu'aucun apprenant n'ait sa propre fiche en main.
– Chacun part à la recherche de l'auteur de la fiche qu'il a entre les mains en posant des questions. Par exemple, en partant de la fiche qui illustre l'activité: «Vous aimez les fleurs?», «Vous aimez le blanc et le noir?», «Vous aimez le yoga et l'opéra?».

Cette activité permet d'aller à la rencontre des autres apprenants et contribue ainsi au développement d'une dynamique de groupe. Elle crée également du mouvement dans la classe: les gens se lèvent, circulent dans la classe, s'entretiennent – en français! – avec leurs congénères comme dans un cocktail: il ne s'agit plus de faire simplement un exercice!

❾ – Revoir les chiffres / nombres de 1 à 12 (introduits en leçon 1).
– Introduire jusqu'à 20.
– Ecrire les dizaines au tableau: trente (rappelle trois), quarante (quatre), cinquante (cinq), soixante (six).
– Ecrire sous trente: trente et un, trente-deux, trente-trois... trente-neuf.
– Idem sous quarante.
– Les apprenants observent et dictent les chiffres manquants jusqu'à 69.
– Connaître les chiffres permet de dire son âge: attirer l'attention sur les illustrations présentant Victor à des âges différents.

L'expression de l'âge en français se fait au moyen du verbe avoir.
Certains apprenants n'aiment pas à dévoiler leur âge. Il convient bien évidemment de respecter cette pudeur.

Activités d'entraînement:
– Proposer aux apprenants de calculer l'âge moyen du groupe. Pour cela, chacun écrit son âge sur un morceau de papier qu'il plie soigneusement. Rassembler les papiers. Un premier apprenant tire un papier, lit l'âge qui y figure, l'enseignant l'écrit au tableau etc. Puis, on effectue – en allemand – le calcul de l'âge moyen du groupe.
– Apporter plusieurs photos de personnages connus ou inconnus et proposer au groupe de les classer du plus jeune au plus vieux et d'estimer l'âge de ces personnes.

❿ – Introduire l'ensemble des formes du verbe **avoir**. Procéder aux remarques d'ordre phonétique: **a** se prononce comme **as**, liaisons et enchaînements.

– Indiquer que le verbe **avoir** sert aussi à exprimer la possession (cf les exemples de l'encadré).

– Distribuer l'annexe 4. Les apprenants travaillent en tandem. Chacun fait une liste de huit «objets» que l'on peut posséder (un chat, des enfants, une idée, un cadeau, une maison, un fax, des animaux, des livres, des cassettes video, des lunettes de ski, des fleurs...) puis les reporte dans huit cases de la première grille. Le but du jeu est de découvrir au plus vite, en interrogeant son partenaire «Qu'est-ce que tu as en A 1?» (introduire **rien**), les huit objets qu'il a choisis. La seconde grille permet d'inscrire les informations que l'on a recueillies sur lui.

3 Phonétique

L'intonation
– Compléter les informations données précédemment (exercice 7).
– Faire écouter l'exemple.
– Faire l'exercice 1: la première fois, les apprenants se contentent d'écouter. A la seconde écoute, ils cochent dans la colonne appropriée.

❶ Solutions:
Frage: 1, 4, 7, 9
Aussage: 2, 3, 5, 6, 8, 10.

Transcription :
1. Vous allez bien ? / 2. Elle préfère le bleu. / 3. C'est une cassette video. / 4 . Tu as une idée ? / 5. Elle est sympathique. / 6. Ça va. / 7. Il habite à Munich ? / 8. Il n'aime pas le cinéma. / 9. Il cherche un cadeau pour Victor ? / 10. Il est architecte.

La liaison
– Faire écouter les phrases qui présentent le phénomène.
– Lire la règle et vérifier qu'elle s'applique bien dans les exemples.
– Faire l'exercice 2: en deux temps, là encore, les apprenants n'écrivant que lors de la seconde écoute (avoir recours à la touche pause, afin de leur laisser le temps de marquer les liaisons).
– Insister sur la différence de prononciation entre **ils ont** et **ils sont**: [ilzɔ̃], [ilsɔ̃].

❷ Solutions
a. Vous‿aimez / b. est‿étudiant / c. Elles‿adorent / d. C'est‿une / e. Ils‿ont / f. deux‿amis / g. rien / h. Vous‿avez / i. les‿éléphants / j. C'est‿intéressant:

Il existe en français des liaisons obligatoires, des liaisons facultatives et des liaisons interdites. Pour ce qui est de ces dernières : on ne doit pas faire de liaison dans les cas suivants (| = pas de liaison) :
1. Nom ou pronom (non personnel) + verbe : Jean | est ingénieur
2. Nom + caractérisant : un restaurant | exotique
3. Interrogatifs : quand, comment, combien de temps + groupe verbal : quand | est-elle partie ? (Mais liaison pour quand est-ce que ou dans comment allez-vous ?)
4. Interrogation avec inversion du sujet «on» : pourquoi a-t-on | enlevé les meubles ?
5. Et... : jamais de liaison avec «et» et ce qui suit : ils ont un bébé et | un chat

❸ Le poème est un peu la récréation de la rubrique phonétique. En passer le vocabulaire en revue et proposer aux apprenants de fermer les yeux pendant l'écoute de la cassette et d'imaginer l'île. Leur rêve éveillé correspond-il à l'illustration?

4 Les goûts et les activités des Français changent.

- Livre fermé, les apprenants imaginent ce que les Français font pendant leurs loisirs, ce qu'ils aiment faire pour se détendre, ce à quoi ils sont particulièrement attachés. Ecrire les suggestions traduites en français au tableau.
- Ouvrir le livre et comparer: sont-ils surpris par le choix des auteurs de facettes?
- Leur demander s'ils ont déjà joué à la pétanque, participé à un bal populaire, s'ils connaissent Jean Gabin et s'ils ont déjà fait l'expérience d'un repas de famille à la française.
- Que pensent-ils des préférences des jeunes Français? Sont-ils très différents des jeunes Allemands?

A ce niveau de l'apprentissage, la discussion aura lieu en allemand, ce qui n'empêche pas, bien au contraire, de placer ici ou là un mot ou une expression en français.

- **L'Allemagne des jeunes et des moins jeunes.**
  En groupes de deux ou trois, les apprenants réfléchissent aux photos qu'ils choisiraient pour leur propre pays ou région. L'enseignant aide à formuler en français les légendes qui accompagneraient les photos.

Les bals populaires: certains reviennent régulièrement comme ceux du 14 juillet ou ceux qui accompagnent les fêtes patronales. On y danse sur du musette au son de l'accordéon. Les jeunes préfèrent toutefois aller en discothèque – aller en boîte –, qu'il s'agisse d'une discothèque installée à demeure ou d'une discothèque itinérante.

Gabin: De son vrai nom Jean Alexis Moncorgé. Acteur français né à Mériel (Seine-et-Oise) en 1904 et décédé à Neuilly-sur-Seine en 1976. Il a tourné de très nombreux films dont certains sont entrés dans l'histoire du cinéma français: Pépé le Moko, 1935; La Grande Illusion, 1937; Quai des brumes, 1938; Touchez pas au grisbi, 1954; En cas de malheur 1958 etc...

Les fêtes de famille: c'est toujours une occasion de se retrouver (qu'il s'agisse d'un mariage, d'un baptême, d'une communion...) assis autour d'une table pendant des heures. La famille est importante en France – il convient d'avoir le sens de la famille! –. Ces retrouvailles périodiques permettent de vérifier la cohésion familiale, d'affirmer son appartenance au clan.

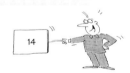

Rendez-vous au musée

....

Thème: se rendre à un rendez-vous
Objectifs communicatifs: demander son chemin, indiquer le chemin, se situer dans l'espace: se rendre au musée Picasso, comprendre les informations données par un passant, se repérer sur un plan, endroits importants d'une ville (gare, métro, musée, hôtel...)
Grammaire: aller, venir, prendre, apprendre, comprendre au présent, impératif (2ème personne du singulier et du pluriel), emploi des pronoms toniques avec prépositions, direction et provenance (aller à, au, à la, à l', aux... et venir dc, du, de la, de l', des...), prépositions de localisation (sur, derrière, à côté de, devant, en face de, sous, entre), il faut + infinitif, il y a
Phonétique: [i], [y] et [u]
Civilisation: circuler en France

....

1 D'accord! Je viens.

- Livre fermé, demander aux apprenants: «Vous connaissez Paris?», «Qu'est-ce que vous connaissez à Paris?».
- Noter au tableau tout ce que Paris évoque pour le groupe.
- Aborder le thème des musées «Qu'est-ce que vous connaissez comme musées à Paris?», «Vous connaissez / vous aimez Picasso?», «A Paris, il y a un musée Picasso. »
- Faire ouvrir le livre.

i

Le musée Picasso: situé dans l'Hôtel Salé à Paris, donation des héritiers de l'artiste, le musée Picasso a été ouvert en 1985. Il renferme de nombreuses œuvres qu'il s'agisse de tableaux, de dessins ou de sculptures.

Ces questions préalables permettent d'activer les connaissances que les apprenants ont d'un sujet. Même les apprenants qui ne sont jamais allés à Paris auront quelque chose à dire! En partant de leurs connaissances pour introduire le thème de la leçon, on crée une curiosité, une attente tout à fait favorables à l'apprentissage.

❶ – Avant de faire écouter la cassette, passer en revue avec les apprenants les questions du QCM afin que ces derniers sachent sur quelles informations ils doivent concentrer leur attention lors de l'écoute.
- Faire écouter une première fois le message, les apprenants repèrent les informations.

- Ils comparent leurs résultats avec leur voisin(e).
- Lors de la seconde écoute, ils cochent les cases appropriées.

Solutions:
Suzanne parle sur le répondeur. Le rendez-vous est au musée Picasso à 14 heures.

Transcription :
«Vous êtes bien chez Corinne Desbenoît. Je suis absente pour le moment. Laissez-moi un message après le bip sonore. Je vous rappellerai. Salut Corinne, c'est Suzanne. Pour le musée Picasso, c'est d'accord : je viens ! Rendez-vous demain à 14 heures devant l'entrée, rue de Thorigny. »

Le Louvre: le palais du Louvre, qui abrite le célèbre musée était autrefois une forteresse. Ancienne résidence royale, le Louvre est devenu musée en 1791. François Mitterrand est à l'origine du projet du Grand Louvre, comprenant la construction de la pyramide de verre. Accès métro: Palais-Royal, Musée du Louvre, Louvre-Rivoli. Ouvert de 9h à 18h t.l.j. sf mardi.
Le Centre Pompidou: le Centre National d'Art et de Culture Georges Pompidou, érigé à l'initiative du président Pompidou, a été inauguré en 1977. Il abrite le Musée National d'Art Moderne, le Centre de Création Industrielle, une importante bibliothèque publique, une cinémathèque, une salle de concert et des lieux d'exposition temporaires. Accès métro: Rambuteau, Châtelet, Les Halles, Hôtel de Ville. Ouvert t.l.j. sf mardi.

❷ – Les apprenants observent attentivement le plan, rues et places notamment.
– Ils réécoutent le message enregistré sur le répondeur de Corinne et se concentrent cette fois sur l'adresse du musée Picasso.
– Ils cochent la case correspondant à l'adresse du musée.

Solution:
Le musée Picasso se trouve rue de Thorigny. La réponse est donc C1.

❸ – Les apprenants travaillent en groupes de deux ou trois personnes.
– Ils observent attentivement les photos figurant sur le plan.
– Ils reportent la lettre correspondant au nom du monument ou du lieu sous la photo représentant ce dernier.

Solutions:
En commençant en haut à gauche du plan, le Louvre, le Centre Pompidou, la place des Vosges, l'Opéra Bastille, Notre-Dame, l'Hôtel de Ville.

L'Hôtel de Ville de Paris: situé sur la place de l'Hôtel-de-Ville, abrite la mairie de Paris. Sans majuscule, le terme d'hôtel de ville désigne la mairie d'une grande ville.
Notre-Dame: cathédrale de style gothique, située dans l'île de la Cité. Commencée au 12ème siècle, achevée au milieu du 13 ème. Le bâtiment a beaucoup souffert lors de la Révolution Française. Notre-Dame a été restaurée au 19ème siècle par Viollet-le-Duc, qui a notamment reconstruit une flèche.
La place des Vosges: (autrefois place Royale) place de Paris de forme rectangulaire, située dans le quartier du Marais et formant un bel ensemble architectural. Au numéro 6, on peut visiter la maison de Victor Hugo, transformée en musée.
L'Opéra-Bastille: construit par Carlos Ott à l'initiative de François Mitterrand et inauguré par ce dernier en 1989. Peut accueillir 2 700 spectateurs.

2 Toutes directions*

* Toutes directions: mention figurant sur un panneau de signalisation routière – cf partie civilisation de cette leçon.

❶ – Reproduire le labyrinthe avec la solution sur un transparent – cf. annexe 5 –.
– Individuellement, les apprenants tracent dans le labyrinthe le chemin emprunté par la souris pour parvenir au fromage.
– Passer en revue avec eux les légendes accompagnant les flèches.
– Par deux, les apprenants expliquent en français le chemin suivi par la souris (introduire **ensuite, après, puis**... pour varier).
– Pour la phase de plenum, se servir du transparent.

Solution:
D'abord, la souris va tout droit. Ensuite, elle tourne à droite. Elle va tout droit, puis elle tourne à gauche. Elle va tout droit. Après, elle tourne à droite, elle va tout droit, elle tourne à gauche. Puis, elle va tout droit, elle tourne à droite, elle va tout droit. Ensuite, elle tourne à gauche, elle va tout droit, elle tourne à gauche. Elle va tout droit, elle tourne à gauche et après elle va tout droit, tout droit, tout droit... Et elle arrive au fromage!

❷ – Les apprenants observent l'illustration
– Passer en revue les phrases du passant ainsi que les phrases a, b et c.
– Les apprenants font de premières hypothèses.
– Ils écoutent la cassette et reportent les lettres a, b et c dans la bulle appropriée.
– A l'issue de la phase de mise en commun, chacun écrit les phrases dans les bulles de manière à obtenir une illustration complète.
– Les apprenants jouent par deux le dialogue obtenu (ils peuvent bien entendu choisir d'autres noms de rues).

Solutions:
c, a, b.

❸ – Les apprenants observent le plan «zoom», repèrent le point de départ (là où Corinne demande son chemin au passant) et le point d'arrivée (le musée Picasso).
– Par deux, ils réfléchissent au chemin à emprunter pour parvenir au musée.
– Faire écouter la cassette: les apprenants suivent les indications du passant sur le plan (ils peuvent reporter le trajet au crayon de papier, par exemple).
– Les apprenants lisent le dialogue pour vérifier.

i Le feu: les couleurs des feux tricolores français sont vert, orange et rouge; le feu passe à l'orange avant de passer au rouge, mais contrairement à l'Allemagne par exemple, il ne repasse pas à l'orange avant de redevenir vert.

❹ – Les apprenants s'aident du dialogue pour compléter les phrases de l'exercice.
– Ils comparent entre eux avant la mise en commun.

Solutions:
allez / continuez – tournez – prenez – allez / continuez – prenez – tournez.

❺ – Passer en revue avec les apprenants les rubriques du tableau.
Il y a plusieurs manières de demander son chemin – ne pas omettre la formule de politesse! – : «Pour aller, où est, où se trouve le musée Picasso? »
Il y a également plusieurs possibilités de décrire le chemin à emprunter: il faut + infinitif ou l'impératif du verbe (cf. grammaire).
Il est nécessaire que ce tableau récapitulatif soit bien clair dans l'esprit des apprenants.
– Les apprenants travaillent par deux et se décrivent mutuellement le chemin pour aller de la vhs à leur domicile: l'enseignant passe de groupe en groupe et n'intervient qu'en cas de blocage de la communication.

Autres possibilités:
– Apporter un plan de la ville où est située la vhs et de ses environs proches (en fonction du lieu de résidence des apprenants) et prévoir des vignettes autocollantes de couleur.
– Chaque apprenant prépare individuellement la description du chemin qu'il emprunte pour se rendre de la vhs à son domicile, qu'il soit en voiture ou à pied.
– Etaler le plan de la ville sur une table au milieu de la pièce.
– Chaque apprenant indique sur le plan et commente en français son trajet et place une vignette autocollante à l'endroit où il réside.
– L'enseignant termine l'activité en indiquant son propre trajet de la vhs à son domicile.

On peut également réaliser cette activité à partir d'un plan touristique et imaginer par exemple une visite guidée de la ville.

2, 3, 4, 5

GRAMMAIRE

Verbes
– Passer en revue la conjugaison des verbes **aller, prendre, venir** dont les apprenants ont déjà rencontré / manipulé quelques formes au cours des pages précédentes.
– Insister sur le fait que si ces verbes sont irréguliers, ils sont aussi parmi les verbes les plus employés de la langue française: les apprenants seront donc amenés à les revoir très fréquemment, ce qui les aidera à en retenir la conjugaison.
– Insister également – cassette – sur les particularités phonétiques de ces conjugaisons (formes prononcées de manière identique, liaisons).

6, 7

Impératif
– Les apprenants prennent connaissance du contenu des encadrés.
– Ils font la liste des impératifs déjà rencontrés dans cette leçon: **allez, tournez, prenez, continuez...**

– Opérer un rapprochement avec les mêmes verbes mais conjugués au présent cette fois.
– On constate qu'en fait l'impératif, c'est le présent moins le pronom personnel sujet. Insister toutefois sur la graphie de la deuxième personne du singulier de l'impératif des verbes en -er. **Tu tournes** devient **tourne**.
– Faire l'exercice 6.

➏ Solutions:
a. Vous continuez jusqu'au feu.
b. Attendez un moment.
c. Tu vas jusqu'au feu et tu tournes à gauche.
d. Venez au cinéma avec moi!
e. Continue jusqu'à la station Kléber. C'est là!

Pronoms toniques
C'est l'occasion de revenir sur ces pronoms introduits en leçon 2 et de compléter l'explication: on rencontre les pronoms toniques soit seuls pour mettre en valeur ou après une préposition (avec, pour, chez...).

Aller à et venir de
– Les apprenants observent les illustrations qui représentent deux cas de figure: le lieu où l'on va et le lieu d'où l'on vient. A chaque cas de figure correspond un verbe et une préposition.
– Les apprenants lisent les exemples figurant dans les encadrés et se concentrent sur les articles accompagnant les substantifs.
– Ayant constaté la contraction, ils abordent à présent le tableau explicatif du phénomène.
– Compléter l'information en précisant que la préposition **à** se rencontre aussi avec les verbes **être** ou **se trouver** pour indiquer le lieu où l'on est.
– Faire l'exercice 7: les apprenants réfléchissent au cas dans lequel ils se trouvent: s'agit-il du lieu où l'on est, où l'on va, auquel cas on emploiera la préposition **à**, ou bien du lieu d'où l'on vient, auquel cas il faut employer la préposition **de**?

➐ Solutions:
a. jusqu'**au** *feu.*
b. **A** *la gare du Nord!*
c. **Aux** *Galeries Lafayette.*
d. **de** *l'aéroport.*
e. **au** *Café de Flore.*
f. **aux** *Invalides* – *de la gare Saint-Lazare.*
g. **au** *musée d'Orsay.*
h. **au** *théâtre* – *au cinéma.*
i. **à** *l'hôtel de Moscou.*
j. **au** *bureau.*
k. **à** *la tour Montparnasse.*
l. **du** *Quartier latin.*

i

Les Galeries Lafayette: célèbre grand magasin parisien, cf. photo page 72. Autres grands magasins: le Printemps, le BHV (Bazar de l'Hôtel de Ville), le Bon Marché, la Samaritaine (restaurant avec vue panoramique sur la Seine).
Paris compte six gares qui assurent des liaisons avec tous les pays d'Europe. La gare d'Austerlitz dessert le Sud-Ouest, les Pyrénées, l'Espagne et le Portugal. La gare de Lyon, la plus grande gare de la capitale dessert le Sud-Est (TGV Sud-Est), les Alpes, la Suisse, l'Italie, la Grèce. La gare Montparnasse dessert le Sud-Ouest avec le TGV Atlantique. L'Angleterre est desservie par la gare Saint-Lazare ou la gare du Nord (Eurostar). La gare de l'Est dessert une partie de la Suisse et de l'Allemagne, l'Autriche et les autres pays de l'Est.
Les Invalides: monument de Paris construit sous Louis XIV pour accueillir les soldats mutilés. La crypte abrite le tombeau de Napoléon 1er. De nombreux chefs militaires (Turenne, Foch, Lyautey, etc.) reposent aux Invalides. C'est également là que se trouve le musée de l'Armée.
Le musée d'Orsay: musée consacré au XIXème siècle français (notamment aux Impressionnistes), aménagé dans l'ancienne gare d'Orsay à Paris. Il a ouvert ses portes en 1986. Accès métro: Solférino. Ouvert t.l.j. sf lundi.
La tour Montparnasse: fait partie de l'ensemble immobilier Maine-Montparnasse. La tour comprend 58 étages pour une hauteur de 210 m. En empruntant l'ascenseur le plus rapide, on est au sommet de la tour en 39 secondes.
Le Café de Flore: célèbre café du Quartier latin qui a connu son heure de gloire dans la

période de l'existentialisme (Sartre, Beau-voir).

Le Quartier latin: quartier de Paris situé sur la rive gauche de la Seine, au Sud de l'île de la Cité, de part et d'autre du boulevard Saint-Michel (V et VIèmes arrondissements). On y trouve de très nombreuses facultés et grandes écoles; c'est avec la Cité, la partie la plus ancienne de la capitale.

❽ – Introduire **il y a**.
– Les apprenants commencent par repérer les 7 souris sur l'illustration.
– Ils lisent les phrases.
– En s'aidant de l'illustration et des mots transparents contenus dans les phrases, ils attribuent à chaque souris son numéro.
– Vérifier lors de la mise en commun que le sens des prépositions spatiales est clair pour tout le monde.

Solutions:
sur le canapé: 7; derrière le chat: 5; à côté de la lampe: 6; devant la télévision: 1; en face du chien: 2; sous le tapis: 3; entre le téléphone et la radio: 4.

❾ – Les apprenants observent le plan et décrivent la ville en citant les bâtiments qui s'y trouvent: «il y a une gare, un hôtel, un parc, un hôpital, un café, le métro, un parking *...».
– Demander aux apprenants lors de la première écoute de se concentrer sur le nom des bâtiments qui manquent, à savoir: un café, l'office de tourisme, l'hôtel de ville, la poste, une banque, le cinéma.
– Lors de la deuxième écoute, les apprenants repèrent l'endroit où se trouvent ces bâtiments.
On peut répartir le travail en demandant aux apprenants de se concentrer par deux sur un ou deux lieux et non sur tous, notamment si le niveau du groupe est assez faible.
– Ils comparent entre eux, réécoutent éventuellement pour vérifier avant la mise en commun des résultats.
* Parking: l'équivalent français «parc de stationnement» figure sur les panneaux, mais n'est pas souvent utilisé dans la vie courante.

Solutions:
reprendre le plan du livre de l'élève complété des bâtiments manquants

Transcription :
«Devant la gare, il y a une place. Elle s'appelle, comme c'est original, place de la gare! A côté de la gare, à gauche sur le plan, se trouve un café. En face de la gare, dans la rue de la Libération, vous avez l'office du tourisme. Derrière l'office du tourisme, il y a une station de métro. L'hôtel de ville se trouve en face du parc Louis-Ferdinand Céline. La Poste se trouve dans la rue de la Poste, en face de l'hôtel. A côté du théâtre, dans la rue de Paris, il y a une banque. Le cinéma se trouve dans l'avenue du Général de Gaulle, entre le musée et le café. »

Activité complémentaire:
– Photocopier le plan de l'activité 9 (Annexe 6) en plusieurs exemplaires. Sur chacun de ces plans, faire figurer un point rouge, à un endroit différent à chaque fois, représentant la situation de la personne qui aura le plan en mains. Prévoir également des cartes sur lesquelles figurent un lieu ou un bâtiment de la ville.
– Faire deux groupes: les apprenants du premier groupe reçoivent les plans et ceux du deuxième groupe les cartes avec les lieux / bâtiments.
– Les apprenants qui ont une carte où figure un lieu se mettent à la recherche d'un apprenant détenant un plan et donc susceptible de leur indiquer le chemin.
– L'enseignant passe de groupe en groupe, n'intervenant que sur la demande des apprenants à moins qu'il ne participe lui-même à l'activité.

3 Phonétique

Commencer par présenter les sons de cette page à l'aide de l'illustration et du support sonore.

❶ Les apprenants écoutent et cochent la phrase entendue.

Solutions:

Vous dites tout.
Lucie est Russe.
J'écoute la musique.
C'est un début.
Ursule habite à Toul.

i

Tulle: dans la Corrèze; 18 685 habitants.
Toul: ville de Lorraine. 17 752 habitants.

❷ – Les apprenants écoutent les listes de mots lues sur la cassette et soulignent tous les noms de villes / tous les prénoms.
– Distribuer à chaque apprenant une carte postale vierge (cf. annexe 7).
– Chacun rédige une carte postale rimée.
– L'enseignant ramasse les cartes, les redistribue – il joue le rôle du facteur!– dans un ordre différent et chacun lit au reste du groupe la carte qu'il a reçue.

Solutions:

Je suis à Paris. Bons baisers de Romy!
Nous sommes à Ouagadougou. Bonjour de Doudou et Marie-Lou! Etc.

i

Tours: 133 403 habitants. Centre touristique (proximité des châteaux de Loire). Syndicat d'initiative: 78, rue Bernard Palissy 37000 Tours.
Nancy: 102 410 habitants (env. 329 450 pour l'agglomération). Centre intellectuel, commercial, financier et industriel. Cristallerie. Syndicat d'initiative: 14, pl. Stanislas 54000 Nancy.
Vichy: 28 048 habitants. Importante station thermale. Syndicat d'initiative: 19, rue du Parc 03000 Vichy.

❸ – Les apprenants écoutent la comptine.
– Ils réécoutent et font du play-back: ils se contentent de mimer les sons.
– Ils s'entraînent individuellement, par deux ou par trois à dire la comptine de plus en plus vite. Fou rire garanti!

4 Civilisation: circuler en France

Cette page a pour objectif de familiariser les apprenants avec la signalisation routière française à partir de panneaux ou de phénomènes que l'on rencontre fréquemment et dont la méconnaissance peut faire perdre du temps et provoquer de l'agacement à l'encontre de la France et des Français ce qui est toujours un mauvais préalable à une rencontre interculturelle!

❶ – Les apprenants observent les panneaux présentés.
– Ils lisent les phrases et leur associent le chiffre du panneau correspondant.
– Ils comparent entre eux avant la mise en commun.

Solutions:

a: 8 / b: 6 / c: 9 / d: 2 / e: 7 / f: 1 / g: 3 / h: 5 / i: 10 / j: 4.

i

L'office du tourisme: autre dénomination: le syndicat d'initiative.
Le péage autoroutier: annoncé suffisamment à l'avance (panneau bleu à lettres blanches). Une borne délivre un ticket d'entrée qui est remis à la barrière de sortie. Le paiement qui dépend de la distance parcourue, peut être effectué en espèces, avec une carte de crédit ou un chèque.
Attention! En France, la vitesse est limitée à 130 km/h, 110 km/h par temps de pluie et de brouillard sur autoroute et à 90 km/h, 80 km/h par temps de pluie et de brouillard sur les autres routes.
N° 10: cet appareil s'appelle un **horodateur.**
Bison futé: c'est ainsi que se nomme un indien sympathique symbole d'un système électronique mis en place en 1977 par la sécurité routière pour lutter contre les embouteillages qui bloquent systématiquement les grands axes français au moment des départs en vacances d'été notamment. Il s'agit de proposer aux automobilistes des informations sur le trafic routier, des conseils (horaires de départ en vacances conseillés par

exemple), des alternatives, appelées itinéraires BIS (panneaux verts ou jaunes), leur permettant de contourner les axes principaux.

– Pour terminer, proposer aux apprenants de se mettre à la place d'un automobiliste français empruntant pour la première fois le réseau routier / autoroutier allemand. Qu'est-ce qu'il doit savoir? Quels sont les panneaux qui lui poseront peut-être des problèmes?...

Thème: la rue, les magasins, faire les courses, les aliments
Objectifs communicatifs: dire ce qu'on veut dans une situation d'achat (pharmacie, boulangerie, café, bar-tabac, banque, kiosque, marché, poste, supermarché), exprimer la quantité, demander un renseignement, payer (chiffres: suite et fin)
Grammaire: acheter, préférer, faire, vendre, attendre au présent, expression de la quantité: du, de la, de l', des, un peu de, pas de, plus de
Phonétique: [ø], [e] et [ə] et accentuation (suite et fin)
Civilisation: modes de paiement en France

1 Une rue commerçante

– Procéder à un remue-méninges préalable (livre fermé): demander aux apprenants s'ils ont déjà eu l'occasion de faire des courses en France, s'ils se rappellent du nom de certains magasins ou produits: noter en vrac toutes les propositions au tableau. Pour stimuler leur mémoire ou permettre aux apprenants qui ne sont pas encore allés en France de participer davantage, l'enseignant peut apporter des emballages de produits commercialisés en Allemagne où figurent des inscriptions en français (crème fraîche, mousse au chocolat, crème de jour antirides, baguettes etc.).
– Ordonner les mots figurant au tableau: magasins, produits alimentaires...
– Demander aux apprenants s'ils se souviennent de formules / structures employées dans les magasins: comment demande-t-on ce que l'on souhaite acheter, le prix...

Une fois de plus, il s'agit de faire ressortir tout ce que les apprenants connaissent déjà et dont ils ne sont pas toujours conscients et d'introduire le thème de la leçon, de le rendre intéressant.

❶ – Faire ouvrir le livre page 35.
– Les apprenants observent les photos et identifient les lieux présentés: introduire leur nom en français: la pharmacie, la boulangerie, le bar-tabac, le café, la banque, le kiosque, le marché, la Poste, le supermarché. Peut-être les apprenants auront-ils été suffisamment productifs

lors de la phase précédente pour pouvoir associer un certain nombre de produits aux lieux d'achats de cette page.
– Les apprenants écoutent l'enregistrement une première fois: insister sur le fait qu'il n'est pas nécessaire de tout comprendre pour faire l'activité, que les phrases qu'ils vont entendre comportent des mots transparents susceptibles de les guider. Utiliser éventuellement la touche pause du magnétophone.
– Lors de la seconde écoute, les apprenants reportent les chiffres correspondant à l'ordre de passage des phrases sur la cassette sous l'illustration correspondante.
– Ils comparent entre eux, réécoutent éventuellement pour vérifier avant la mise en commun des résultats.

Solutions:
Pharmacie: 7; boulangerie: 5; bar-tabac: 1; café: 9; banque: 6; kiosque: 2; marché: 4; poste: 3; supermarché: 8.

Transcription:
1 Je voudrais des Gauloises blondes, s'il vous plaît.
2 Vous avez le Monde d'aujourd'hui ?
3 Deux timbres à 3,00 F, s'il vous plaît.
4 Un kilo de tomates et de l'ail, s'il vous plaît.
5 Oui, donnez-moi trois croissants au beurre.
6 Je voudrais changer 500 DM, s'il vous plaît.
7 Vous désirez de l'aspirine vitaminée ?
8 Du champagne en promotion, super ! J'adore le champagne !
9 Deux bières et un Perrier !

Les PTT: Postes et Télécommunications: sigle encore fréquemment utilisé pour désigner la Poste alors que depuis le 1er janvier 1991, la Poste et France Télécom sont deux organismes indépendants l'un de l'autre. Les boîtes aux lettres sont jaunes et possèdent généralement deux ouvertures, l'une pour la ville et le département où l'on se trouve et l'autre pour les autres destinations.

Le change: les banques ont perdu en 1987 leur monopole dans ce domaine. La plupart des distributeurs se sont internationalisés et l'on peut retirer de l'argent sans aucun problème avec sa carte Eurochèque par exemple. Il existe différentes **catégories de supermarchés en France:**

- supérettes: de 120 à 400 m², vendent essentiellement des produits alimentaires: Casino, Coop etc.
- supermarchés: de 400 à 2 500 m²: Intermarché, Super U, Champion, Shopi, Casino, Leclerc etc.
- hypermarchés: au moins 2 500 m²: Leclerc, Carrefour, Casino, Mammouth, Continent, Cora, Auchan etc.

Heures d'ouverture: les supermarchés et autres hypermarchés ouvrent en général de 9h-10h à 20h-21h du lundi au samedi, ils sont aussi ouverts en nocturne le vendredi soir jusqu'à 22h. De nombreux magasins d'alimentation sont ouverts le dimanche matin.

Où acheter des cigarettes? Il n'y a pas de distributeurs de cigarettes en France et l'on ne peut pas acheter de cigarettes dans un supermarché comme en Allemagne. Il faut aller dans un bureau de tabac ou dans un bar-tabac. Les bureaux de tabac se reconnaissent à leur enseigne rouge qui représente deux carottes de tabac soudées à la base.

Les timbres: lettre ou carte postale urgente: 3F (1997), carte postale service économique: 2,70 F. On peut acheter des timbres à la poste (distributeur ou guichet), mais aussi dans les bureaux de tabac et d'une façon générale dans tous les endroits où l'on peut acheter des cartes postales.

2 Vous désirez?

❶ – Passer en revue les différents achats proposés avec les apprenants: si l'on veut procéder de manière plus originale, on peut demander aux apprenants d'entourer ou de souligner dans cette liste tout ce qu'ils aiment. L'important est que tous les mots aient été prononcés à un moment ou à un autre, les apprenants pouvant alors les reconnaître plus facilement lorsqu'ils les entendent sur la cassette.

– Les apprenants écoutent les deux dialogues une première fois et repèrent les achats effectués par le client et la cliente.

– A l'issue de la deuxième écoute, les apprenants reportent sur les listes de courses les achats effectués puis vérifient en lisant les dialogues de la page 37.

– L'enseignant récapitule: «Le client achète.... et la cliente achète... Et vous, qu'est-ce que vous achetez?» Ecrire **il achète, vous achetez** au tableau et introduire **j'achète**.

– Lancer un exercice en chaîne: l'enseignant commence : «Moi, j'achète.... et vous, qu'est-ce que vous achetez?». L'apprenant à qui la question a été posée, y répond et interroge son voisin / sa voisine etc.

Autre possibilité:
– Ecrire au tableau la phrase suivante: aujourd'hui, je fais les courses et j'achète... .
– L'enseignant démarre le jeu en reprenant ce début de phrase, le complétant par un achat issu de la liste de la page 36.
– Un apprenant reprend la phrase de l'enseignant et y ajoute un autre achat.
– Un second apprenant reprend le tout et ajoute également un achat, etc. Lorsqu'une personne se trompe, on recommence. L'avantage des erreurs dans ce jeu, c'est qu'elles sont rarement d'ordre linguistique et que les apprenants constatent souvent à cette occasion que l'enseignant n'est pas forcément plus doué qu'eux !

Solutions:

Le client achète cinq cartes postales, une télé-carte à 50 unités et un paquet de Gauloises Blondes.
La cliente achète un kilo de tomates, une livre de courgettes, deux poivrons, un kilo de raisin blanc et des bananes.

Les télécartes (50 ou 120 unités) sont deve-nues un support publicitaire privilégié. De nombreuses personnes les collectionnent: les télécartistes.

❷ – En tandem, les apprenants reconsidèrent les achats présentés en 1 sous l'angle de la quantité cette fois.
 – Deux cas sont à envisager: la quantité déterminée et la quantité indéterminée. L'expression d'une quantité déterminée peut se faire au moyen d'une expression de quantité: **une livre de, un pot de, un litre de, un paquet de + substantif sans article** ou d'un chiffre / nombre (un / une, deux, cinq...).
L'expression d'une quantité indéterminée (d'une partie indéterminée d'un ensemble) se fait au moyen de l'article partitif **de la, de l', du** ou de l'article indéfini pluriel **des.**

Solutions:

Quantité déterminée: une livre de courgettes, une télécarte, deux poivrons, un pot de confitu-re, cinq timbres, un litre de lait, un kilo de tomates, cinq cartes postales, un paquet de cigarettes.
Quantité indéterminée: du raisin blanc, de l'as-pirine, des bananes, du fromage, de la salade, du pain.

❸ – Les apprenants observent le tableau réca-pitulatif dont les deux premières colonnes systématisent les conclusions auxquelles ils sont arrivés à la fin de l'exercice 2.
 – Ils lisent l'exemple figurant déjà dans la troisième colonne, **quantité 0:** ils retrou-vent la négation **ne... pas** qu'ils connais-

sent depuis la leçon 3. Introduire **ne...plus de.**
 – Ils lisent les phrases proposées et complè-tent le tableau. **Quantité 0 = ne...pas / plus de + substantif sans article.**

Solutions:

pas de pain, pas de cigarettes, plus de timbres.

❹ Dans cet exercice, les apprenants appliquent ce qu'il viennent d'apprendre. Plusieurs réponses sont possibles.

Solutions:

a. de l' / de l'.
b. 2, 3, 4... / 2, 3, 4... / de.
c. 2, 3, 4... / 2, 3, 4... / de / un paquet de.
d. pas de / une / un.
e. de la / du / de / pas de / un.
f. 2, 3, 4... / de / une.

❺ – Prévoir une série de cartes sur lesquelles figure à chaque fois un des magasins de l'exercice 4.
 – Les apprenants travaillent en tandem: chaque groupe tire une carte et s'inspire du mini-dialogue de l'exercice 4 mais aussi des pages précédentes et élabore un dialogue.
 – Chaque groupe joue sa situation d'achat.

Pour renforcer l'attention du reste du groupe lorsque deux apprenants jouent leur situation d'achat, on peut demander aux spectateurs de faire la liste des produits achetés avec mention de la quantité.

GRAMMAIRE

Verbes

Les apprenants prennent connaissance de la conjugaison des quatre verbes acheter, préférer, faire et vendre. Insister à l'aide de la cassette sur les particularités phonétiques: formes iden-tiques, liaisons...

❻ – Les apprenants réfléchissent individuelle-ment.
 – Ils mettent leurs résultats en commun.

Solutions:
a. fait.
b. va.
c. prend / achète.
d. prend / achète.
e. a / vend.
f. préfère.
g. achète / prend.
h. a / vend.
i. a.
j. prend / achète / est.

❼ – Les apprenants prennent connaissance du contenu des bulles.
   – Ils les ordonnent, individuellement ou par deux.
   – Ils écoutent la cassette pour vérifier.
   – Ils écrivent le dialogue sur les lignes prévues à cet effet.

Autre possibilité:
– Photocopier l'annexe 8.
– Les apprenants travaillent par deux, chaque groupe reçoit un jeu de «bulles».
– Ils écoutent le dialogue sur la cassette et classent les différentes bulles en fonction de leur ordre d'apparition.
   On peut également distribuer une bulle par apprenant. Lors de l'écoute du dialogue enregistré, chaque apprenant se concentre sur la phrase qu'il a entre les mains et se lève lorsqu'il l'entend.

Solutions:
«Bonjour, Madame! Vous désirez?
– Je voudrais un kilo de tomates, S.V.P.
– Voilà, et avec ça?
– Donnez-moi aussi une livre de clémentines et une salade.
– C'est tout?
– Oui, c'est tout.
– Ça fait 25 F.
– Voilà, au revoir Monsieur.»

❽ – Les apprenants prennent connaissance des rubriques du tableau récapitulatif.
   – En s'aidant des différents dialogues de cette leçon, ils remplissent les colonnes du tableau.

Solution:
– Je voudrais une livre de courgettes, S.V.P. / Une livre de courgettes, S.V.P. / Donnez-moi une livre de courgettes, S.V.P.
– Ça fait combien? (A la fin de la transaction, plutôt) / Le raisin, c'est combien le kilo?
– C'est tout.
– Merci (beaucoup) ! Au revoir, Monsieur / Madame.

Le tableau récapitulatif complète l'exercice 7.
   A l'issue de ces deux activités, les apprenants ont acquis les moyens langagiers nécessaires à l'interaction vendeur / client.

❾ – Cette activité de transfert permet aux apprenants de consolider leurs acquis.
   – Diviser le groupe en deux: les clients et les vendeurs.
   – Pendant que les clients rédigent la liste de tout ce qui est nécessaire à un pique-nique (avec les quantités), les vendeurs aménagent leur «magasin»: un simple écriteau portant le nom du magasin peut faire l'affaire, si on veut faire plus authentique, on peut envisager de demander aux apprenants d'apporter un certain nombre de choses et clore l'activité par un véritable pique-nique ou bien se procurer en France des fruits et légumes et autres produits miniatures (dans les magasins de jouets) de manière à «jouer à la marchande».
   – Une fois le décor posé, les listes rédigées, l'activité peut commencer. L'enseignant se tient en retrait, laissant les apprenants mener leurs différentes interactions à leur guise.

❿ – Revoir les chiffres / nombres de 1 à 69, introduits en leçon 3.
   – Commencer par présenter les dizaines:
   soixante-dix = soixante + dix
   quatre-vingts = quatre x vingt

quatre-vingt-dix = (quatre x vingt) + dix
- Les autres nombres se déduisent logiquement de la dizaine, dans la mesure où à dix succède onze et à vingt, vingt et un.
- Signaler les particularités phonétiques de 600 [sisã] et de 800 [yisã] ainsi que les particularités orthographiques propres à certains nombres: quatre-vingts mais quatre-vingt-deux ou bien deux cents mais deux cent un. **Mille** reste invariable.

⓫ – Les apprenants observent l'illustration et prennent connaissance de la situation: une petite fille écrit au Père Noël ses souhaits pour Noël et ce dernier passe les prix des différents jouets en revue et calcule le prix total.
- Apporter un complément d'informations sur la manière dont les Français célèbrent Noël (cf. ci-dessous).
- Les apprenants commencent par faire la relation entre les jouets et les noms figurant sur la liste.
- Ils écoutent l'enregistrement et notent les prix des différents objets dans la bulle du Père Noël.
- Après mise en commun des résultats du groupe, ils procèdent à l'addition et annoncent le montant total, vérifiant ainsi que le Père Noël n'a pas commis d'erreur.

Solutions:
Vélo: 1 290 F, ordinateur: 699 F, poupée Barbie: 149 F, rollers: 285 F.
Total: 2 423 F.

Transcription:
«Un vélo... 1290F, un ordinateur... 699F, une poupée Barbie... 149F, des rollers... 285F. Total... 2423F. »

Autres possibilités (extraites de «Spiele im Vhs-Französischunterricht», édité par le Landesverband der Volkshochschulen Niedersachsen e.V.):
- **Les nombres en désordre**: remplir le tableau de chiffres /nombres de 1 à 100. Diviser la classe en deux groupes. Chaque groupe envoie un représentant au tableau. Celui-ci doit trouver le plus vite possible le nombre donné par le professeur et le rayer ou l'entourer d'une couleur différente pour chaque équipe. Les équipes aident leur représentant en disant en haut, en bas, à droite, à gauche etc. L'équipe qui a entouré ou rayé le plus de nombres a gagné. Ne pas oublier de changer régulièrement de représentant.
- **Renvoyer la balle**: les participants sont assis en rond. Le professeur commence en disant un nombre et en lançant la balle à un participant. Par exemple 35. Le participant renvoie la balle à un autre joueur et doit dire un nombre commençant par 5, par exemple 56, et ainsi de suite. Si un participant dit un nombre se terminant par 0 comme 30 par exemple, le suivant reprend le 0 dans sa réponse: 05 par exemple.
- **Le nombre à éviter**: Les participants sont assis en rond. On choisit un chiffre à éviter. Les joueurs comptent, chacun leur tour, chaque joueur ne dit qu'un seul chiffre /nombre. Il faut éviter non seulement le chiffre choisi mais aussi ses multiples et tous les nombres qui le contiennent et les remplacer par un mot code, «boum» par exemple. Quand un joueur se trompe, on recommence à zéro.

Il n'est pas inutile de dédramatiser ce point de l'apprentissage. Lorsqu'ils sont en France, les apprenants ont toujours la possibilité d'écrire ou de faire écrire le chiffre / nombre qu'ils ne comprennent pas. Les situations où la maîtrise des chiffres / nombres est absolument indispensable sont finalement assez réduites (au téléphone par exemple).

i

Le Père Noël: depuis 1962, la Poste répond à chaque lettre au Père Noël par une carte. En 1995: la Poste a reçu 370 544 lettres. Le Père Noël ressemble comme un frère à Saint-Nicolas, mais n'entre en scène que dans la nuit du 24 au 25 décembre. Il est censé habiter au Pôle Nord voire dans le ciel où, durant toute l'année, il s'affaire et prépare les jouets et autres cadeaux pour tous les enfants sages, aidé en cela par de petits lutins. Le 24 décembre, les enfants déposent leurs souliers au pied du sapin (l'arbre de Noël apparaît en Alsace au XVIe siècle) ou devant la cheminée, s'il y en a une, et vont se coucher remplis d'espoir et d'une légère inquiétude toutefois: ont-ils été assez sages? Dans la nuit, le Père Noël, dans son traîneau tiré par des rennes, s'arrête au-dessus de chaque maison et emprunte la cheminée ou entre par une fenêtre, laissée entrouverte, pour déposer ses cadeaux. De nombreux enfants luttent contre le sommeil dans l'espoir de le surprendre. Le 25, la plupart des enfants se lèvent très tôt pour découvrir ce que le Père Noël leur a apporté. Est-ce pour préserver leur grasse matinée du 25 décembre que de nombreux parents décident de faire passer le Père Noël le 24 au soir? L'abandon de cette croyance, vers 6 ou 7 ans est un signe que l'on est devenu grand.

10, 11, 12

3 Phonétique

Présenter les sons [ø], [e] et [ə] au moyen des illustrations et du support sonore.

❶ – Les apprenants écoutent l'enregistrement et repèrent les sons [ø], [e] et [ə], dans un premier temps sans écrire.
   – Ils réécoutent et soulignent les sons à l'intérieur des mots du divertissement.
   – Insister sur la différence entre [e] et [ə] (cf. encadré).

❷ – Les apprenants écoutent la liste de mots et différencient ceux qui comportent le son [e] de ceux qui comportent les sons [e] et [ø] en soulignant les premiers par exemple.
   – Après avoir réécouté, ils écrivent les mots dans le panier approprié.

Solutions:
Panier «bébé» : secrétaire, écoutez, éléphant, étudiant, café, marché, préférer.
Panier «petit» : regarde, secrétaire, monsieur, cheveux, Europe, demain.
Le mot «secrétaire» figure dans les deux paniers.
Le son [e] peut s'écrire: é, ez, er.

❸ On revient ici sur le phénomène de l'accentuation, introduit en leçon 2 (mot isolé).
   – Les apprenants écoutent l'exemple et constatent que l'accent n'est pas fixe en français, mais qu'il «se promène» au contraire. Cette découverte permet de compléter la règle de l'accentuation en français: l'accent tombe sur la dernière syllabe du mot isolé, du groupe de mots ou de la phrase.
   – Les apprenants symbolisent le phénomène en soulignant la partie du mot qui est accentuée:
   – Les apprenants procèdent de même avec les phrases de l'exercice.
   – Ils vérifient avec l'enregistrement.

Solutions:
Je fais. Je fais les courses. Je fais les courses au centre commercial.
Donnez! Donnez-moi! Donnez-moi deux baguettes.
J'adore! J'adore le champagne! J'adore le champagne en promotion!

4 Civilisation: modes de paiement en France

Il ne s'agit pas seulement de présenter la monnaie française mais aussi le comportement des Français face à l'argent. Les Français manipulent très peu d'argent liquide, ils en ont en général très peu sur eux, préférant régler leurs achats par chèque et surtout par carte bancaire et ce pour des sommes parfois modiques.

❶ – Les apprenants prennent connaissance des différents billets figurant sur l'illustration: l'enseignant peut compléter l'information en apportant d'autres billets et des pièces.
   – Ils observent la manière de lire un prix.
   – Ils s'entraînent à lire les prix proposés et éventuellement les écrivent en lettres.

Solutions:
Cinquante-trois francs vingt-cinq / soixante-dix-sept francs trente-cinq / cent quatre-vingt-dix-neuf francs quatre-vingt-quinze / mille deux cent cinquante francs.

❷ – Les apprenants identifient les documents présentés: un chèque, une carte bancaire et un bon de commande d'une entreprise de vente par correspondance (VPC).
  – Donnez un complément d'informations concernant la VPC en France (cf. ci-dessous).
  – Demandez aux apprenants s'ils ont souvent recours à la VPC et comment ils opèrent leur paiement.
  – Les apprenants prennent connaissance de la situation et de la tâche à accomplir.
  – Ils finissent de remplir le bon de commande et remplissent le chèque joint à la commande.

Solutions:
– Bon de commande:
Nom: Mugnier   Prénom Marie-Odile
Adresse: 3, rue Maréchal Leclerc
Code Postal: 21400
Ville: Châtillon sur Seine
Montant de la commande: 363 F
Total: 378,90 F
Mode de paiement: (case cochée) chèque bancaire
– Chèque:
BPF (bon pour francs): 378,90

Trois cent soixante-dix-huit francs quatre-vingt-dix centimes
à La Redoute
Fait à Châtillon sur Seine, le.... 19 (à compléter avec la date du jour).

Autre possibilité:
  – Apporter de vieux catalogues de la Redoute ou des 3 Suisses et des photocopies de bons de commande.
  – Présenter des photos de personnages connus ou inconnus.
  – Les apprenants travaillent par deux, choisissent un personnage et passent une commande en son nom.

i

La VPC: peut se faire à partir de bons de commande découpés dans la presse, de dépliants ou brochures reçus par la poste, ou sur catalogue, par téléphone, Minitel ou par correspondance. En matière d'habillement, les entreprises les plus connues sont La Redoute, Les 3 Suisses, Quelle etc. Les délais de livraison sont à l'heure actuelle de 24 à 48 heures. Cette manière de faire ses achats vestimentaires est extrêmement répandue en France, notamment dans les petites communes moins bien équipées en commerces.

Thème: participation à un stage de yoga
Objectifs communicatifs: parler de soi (profession, loisirs), poser des questions à autrui pour l'amener à parler de lui / d'elle, expliquer pourquoi on pratique telle ou telle activité, mener une conversation téléphonique d'ordre privé, raconter le déroulement d'une journée (jours de la semaine), en situer les étapes dans le temps (l'heure)
Grammaire: systématisation de l'interrogation (intonation, est-ce que, inversion + mots interrogatifs), pouvoir, savoir, vouloir, finir, choisir au présent, féminin des substantifs
Phonétique: [ɔ̃] et [ã]
Civilisation: la langue française dans le monde

1 Le paradis est là...

– Les apprenants observent la première page.
– Leur demander d'identifier le type de document (publicité) dont il s'agit sans le lire en détail. Quels sont les indices (photo et titres accrocheurs...) qui leur permettent d'identifier la nature du document?

Cette manière de procéder est destinée à convaincre les apprenants qu'un texte doit d'abord être regardé avant d'être lu. Cette observation permet d'extraire un certain nombre d'informations au sujet du document qui en faciliteront la lecture d'autant.

– Attirer l'attention des apprenants sur la présence de la photo, la décrire avec eux. Insister sur l'effet qu'elle est censée provoquer: «il y a une maison, des arbres, la nature; il fait beau; c'est calme, romantique; il n'y a pas de voitures, pas de stress...»
– Leur demander de rechercher la partie du texte qu'elle illustre: «dans une ferme, en pleine nature».

Il s'agit ce faisant de guider la lecture des apprenants: ils lisent le texte pour trouver une information. Dans un premier temps, seule cette information à trouver est importante et cela ne nécessite pas de tout comprendre du texte. C'est une démarche analogue à la pratique consistant à donner des consignes d'écoute aux apprenants en compréhension orale. Il s'agit de leur montrer qu'ils peuvent tirer parti d'un texte sans tout comprendre.

– Demander aux apprenants: «vous avez des problèmes de stress, de concentration?» «Qu'est-ce que vous faites quand vous avez des problèmes de stress ou de concentration? Du yoga, de la relaxation? Un autre sport?...» de manière à introduire le thème de cette leçon: cette phase permet de réactiver le vocabulaire du sport introduit en leçon 3.
– Reprendre les arguments du texte et conseiller aux apprenants de faire un stage de yoga: «vous avez des problèmes de concentration ou de stress, alors il faut faire du yoga, il faut aller à un stage à Florac dans les Cévennes! »
– Aborder la consigne de l'exercice: les apprenants lisent le texte pour en extraire les informations dont ils ont besoin pour s'inscrire.
– Lors de la phase de mise en commun, regrouper toutes ces informations au tableau en quatre rubriques: Quand? Où? Combien? Programme?

Solutions:
Quand? Du 2 au 8 septembre ou du 10 au 16 septembre.
Où? A Florac, dans les Cévennes. Adresse exacte: Mas les châtaigniers, 48000 Florac.
Combien? 1 400 F pour une semaine, en pension complète et en groupes de 5 à 6 personnes.
Programme? Yoga, méditation, relaxation, photo, poterie, aquarelle, randonnée, VTT.

i **Les Cévennes:** région située au sud-est du Massif central, entre les sources de l'Ardèche et celles de l'Hérault, altitude: 1 699 m au Mont Lozère. Région d'élevage essentiellement, parc national. Florac est une petite commune (2 104 habitants) de la Lozère où se trouve le siège de l'administration du parc national des Cévennes.

2 Comment se passe le stage?

– Les apprenants observent l'illustration et la décrivent: «il y a cinq personnes / c'est un groupe de cinq personnes. Ils font du yoga, un stage de yoga à Florac. Il y a deux femmes et trois hommes.»
– S'attarder sur l'identité de ces personnes, leur profession (reprendre les structures introduites en leçon 1) et leur nationalité: Assia est algérienne, elle vient d'Algérie… Se reporter éventuellement à la carte de la partie civilisation et introduire «Je suis allemand(e), je viens d'Allemagne ».

i **L'enseignant:** ce terme est un terme générique désignant toute personne qui enseigne. Il ne nous permet pas de savoir si Matthieu enseigne à l'école maternelle, à l'école primaire, au collège ou au lycée. Les enseignants de l'école maternelle et primaire – les anciens instituteurs – s'appellent aujourd'hui professeurs des écoles, les enseignants du collège et du lycée étant des professeurs. Le terme de professeur regroupe des personnels aux statuts parfois fort différents: selon la qualification, le nombre d'heures de cours et la rémunération varient.

❶ – Situer le dialogue: l'un des participants au stage reçoit un appel de son conjoint et lui raconte comment se passe le stage.
– Les apprenants écoutent la conversation téléphonique et identifie la personne qui reçoit un appel: «c'est Matthieu et sa femme s'appelle Cécile».
– Reprendre le programme du stage, faire réécouter et noter les activités évoquées

ou choisies par Matthieu: méditation, yoga, aquarelle.
– Passer en revue avec les apprenants les phrases du QCM dont le sens doit être clair dans l'esprit de tous avant de commencer l'activité. Introduire le verbe finir en insistant sur les particularités phonétiques de la conjugaison.
– Les apprenants réécoutent le dialogue en se concentrant sur les éléments de ce dernier leur permettant de répondre au QCM.
– Les apprenants procèdent à la vérification de leurs réponses en lisant le dialogue.

Solutions:
a. faux /b. vrai / c. faux / d. vrai / e. vrai / f. faux.

Grammaire modulable: l'interrogation

❷ – Introduire les jours de la semaine.
– Les apprenants travaillent en groupes de deux ou trois personnes et s'inspirent du document de la première page pour remplir les pages d'agenda de Matthieu, Florence et Assia.
– On peut éventuellement distribuer d'autres pages d'agenda pour Mamadou et Gilles et demander à chaque groupe de se concentrer sur une seule personne.

Solutions:
L'exercice étant très ouvert, il n'est pas possible de donner de corrigé-type. Signalons toutefois que les pages d'agenda de Matthieu et Florence devraient présenter de nombreuses similitudes!

i Les jours de la semaine: lundi tient son nom de la Lune, mardi de la planète Mars, mercredi de la planète Mercure, jeudi de Jupiter, vendredi de Vénus, samedi de Saturne et dimanche est le jour du Seigneur: Dies Domini.

❸ – Introduire l'heure à l'aide du réveil.
– Commencer par la manière de demander l'heure **Il est quelle heure? / Quelle heure est-il?** et de répondre à cette question **Il est…**
– Expliquer le mécanisme avec un réveil ou une pendule en carton (annexe 9): on commence par ajouter des minutes (le **et** ne figurant que deux fois de manière

explicite **et quart** et **et demie**), puis on les soustrait de l'heure à venir (cette fois le **moins** figure partout). Insister sur **moins le quart** en opposition à **et quart** ainsi que sur la manière de prononcer certaines heures: [ekaʀ], [ed(ə)mi], **h muet** du mot heures ainsi que les diverses liaisons entre les chiffres et le mot heures.

Activités d'entraînement:
– Apporter des horloges en carton avec aiguilles mobiles. On peut aussi faire réaliser ces pendules par les apprenants eux-mêmes à partir de l'annexe 9.
– Les apprenants travaillent par groupes de deux ou trois personnes, chaque équipe reçoit un numéro et une pendule en carton.
– L'enseignant énonce une série d'heures, les apprenants «mettent leurs pendules à l'heure», l'équipe la plus rapide se voit attribuer un point à chaque fois. Est déclarée gagnante l'équipe qui a accumulé le plus de points à la fin du jeu.

ou bien encore: le loto des heures
– Photocopier en plusieurs exemplaires les planches de l'annexe 10.
– Là encore, les apprenants travaillent par deux ou trois: chaque groupe reçoit une planche.
– L'enseignant énonce des heures au hasard (il peut être judicieux de prévoir des petites cartes avec les heures figurant sur les planches des apprenants). Le groupe possédant l'heure énoncée par l'enseignant la marque d'une croix (ou dit «moi / nous!» et reçoit la carte à déposer sur la case correspondante).
– Le groupe dont la planche est complétée en premier a gagné.

– Les apprenants prennent connaissance du déroulement de la journée d'un participant au stage de yoga.

i **Les horaires des repas:** le déjeuner est pris en général vers 12h-12h30, le dîner vers 19h30-20h. Dans les entreprises, les employés disposent en général de 45 minutes de pause déjeuner. En province, de nombreuses personnes rentrent chez elles pour déjeuner

alors que dans les grandes villes, on mange au restaurant d'entreprise. Le repas du soir a pris de ce fait une importance accrue puis que c'est le seul qui réunisse la famille. C'est un vrai repas.
La sieste: après le repas de midi, habitude méridionale, en été, la trop forte chaleur rend une pause nécessaire. C'est aussi pour cette raison que les magasins dans le Midi rouvrent plus tard que dans le Nord l'après-midi.

❹ – Les apprenants élaborent individuellement ou en tandem le programme d'une de leur journée de stage en s'inspirant de 3.
– Chacun présente sa journée au reste du groupe.

Autre possibilité:
– Les apprenants élaborent individuellement le programme d'une de leur journée de stage en s'inspirant de 3.
– En tandem, ils se posent réciproquement des questions **Qu'est-ce que tu fais le matin à dix heures?** sur le déroulement de leur journée en prenant des notes sur la journée de leur partenaire.
– Lors de la phase de mise en commun, chacun présente la journée de son partenaire.

GRAMMAIRE

Interrogation

❺ Les apprenants relient les questions aux différentes réponses proposées.
Cet exercice n'est pas un exercice sur l'interrogation à proprement parler, il permet aux apprenants de se remémorer les différents mots interrogatifs – ainsi que leurs contextes d'emploi – et les différentes questions qu'ils ont eu l'occasion de rencontrer depuis le début du livre.

Solutions:
a, h et j: en voiture / b: du tennis / c, f et i: à neuf heures moins le quart / d, e et g: oui.

⑥ Dans cet exercice, on s'intéresse à l'interrogation en tant que telle, à son fonctionnement. Après les avoir confrontés à plusieurs manières de poser une question, on propose aux apprenants de découvrir les mécanismes de l'interrogation en français.
– Les apprenants observent attentivement le tableau.
– Ils classent les différentes questions de l'exercice précédent dans la colonne appropriée.
– Lors de la mise en commun, apporter un complément d'informations.

Il existe trois façons de poser une question en français:
– avec intonation montante
– avec est-ce que
– avec inversion du verbe et du pronom
Dans les deux premiers cas, qui sont aussi les plus fréquents à l'oral, l'ordre de la phrase n'est pas modifié (dans le cas de l'interrogation avec intonation montante, lorsqu'on a recours à un mot interrogatif, il est placé après le verbe; dans le cas de l'interrogation avec est-ce que, lorsqu'on a recours à un mot interrogatif, ce dernier précède est-ce que).
L'interrogation avec inversion du verbe et du pronom est plus formelle et est surtout utilisée en liaison avec le vouvoiement ou à l'écrit.

Solutions:
1ère colonne: vous mangez quand? / Vous venez comment?
2ème colonne: qu'est-ce que tu fais l'après-midi? / Est-ce que vous faites aussi de la randonnée? Comment est-ce que Matthieu rentre à Lyon?
3ème colonne: comment allez-vous à Florac? / A quelle heure commence le stage?

⑦ Les apprenants mettent en application ce qu'ils viennent de voir: après avoir constaté dans les phrases de l'exercice de quel type d'interrogation il s'agit, ils complètent avec les deux autres possibilités de poser la question.

Solutions:
a. Est-ce que vous ne faites pas de VTT? Ne faites-vous pas de VTT?

b. Quand est-ce que vous venez? Vous venez quand?
c. Où habitez-vous? Vous habitez où?
d. Comment est-ce que le stage se passe? Le stage se passe comment?
e. Combien de jours est-ce que vous restez dans les Cévennes? Vous restez combien de jours dans les Cévennes?
f. A quelle heure arrives-tu à Lyon? A quelle heure est-ce que tu arrives à Lyon?

Ne pas exiger des apprenants la maîtrise immédiate de ces trois types d'interrogations. Ils auront tendance au début à avoir souvent recours à la forme avec inversion, plus proche de l'allemand. L'enseignant doit faire preuve d'indulgence et veiller, quant à lui, à employer fréquemment les deux autres formes notamment celle avec est-ce que (la plus déroutante).

⑧ Dans cet exercice, qui porte sur l'interrogation totale (questions auxquelles on répond par oui, non ou si), les apprenants s'inspirent des réponses pour formuler les questions adéquates.

Solutions:
a. Tu rentres en voiture? / Est-ce que tu rentres en voiture?
b. Tu fais de la relaxation? / Est-ce que tu fais de la relaxation?
c. Il est musicien? / Est-ce qu'il est musicien?
d. C'est lui, le professeur de yoga? / Est-ce que c'est, lui le professeur de yoga?
e. Elle est journaliste? / Est-ce qu'elle est journaliste?
f. Florac, c'est dans le Nord de la France? / Florac, est-ce que c'est dans le Nord de la France? (Ou tout autre région introduite par dans toutefois, dans la mesure où les apprenants n'ont pas encore vu les prépositions à utiliser avec les noms de pays.)
Nous n'avons fait figurer aucune question avec inversion parmi les solutions de cet exercice. Il est évident que c'est théoriquement envisageable dans chaque cas, mais ne correspondrait pas à la réalité. Aucune des réponses n'atteste un contexte suffisamment

formel pour justifier une question avec inversion.

Verbes

Les verbes **pouvoir, vouloir** et **savoir** sont irréguliers certes, mais il est possible de les présenter de manière à escamoter quelque peu la difficulté:

- savoir: un radical pour le singulier **sai** et un radical pour le pluriel **sav**
- pouvoir et vouloir: ces verbes ont trois radicaux, mais si l'on dispose la conjugaison comme suit, on se rend compte que le radical de la troisième personne du pluriel n'est en fait que la combinaison des deux autres radicaux: **peu** + **v** = **peuv** ou bien **veu** + **l** = **veul**

je peux	je veux
tu peux	tu veux
il peut	il veut
ils peuvent	ils veulent
nous pouvons	nous voulons
vous pouvez	vous voulez

Procéder aux remarques phonétiques habituelles à l'aide de la cassette et insister sur le fait que si **savoir** peut se traduire par **wissen**, il signifie très souvent aussi **können** ainsi que le montre l'illustration:
je ne sais pas encore nager = ich kann noch nicht schwimmen.

❾ Dans cet exercice d'application, il ne s'agit pas seulement de corriger correctement les verbes «pouvoir, vouloir et savoir», il convient également de les employer à bon escient.

Solutions:
a. sais / sais / sais / peux.
b. peux.
c. sait / veux ou peux.
d. veux.
e. veut / peut.
f. voulez / savez.
g. voulez.
h. voulez.

❿ a. – Les apprenants observent le tableau et le complètent.
   – Lors de la mise en commun, traduire les professions encore inconnues.

Solutions:
Architecte / secrétaire / dentiste.
Informaticienne / technicien.
Danseuse / vendeur.
Etudiante / avocat.
Ouvrière.
Directrice / illustrateur.

Ce peut être l'occasion de passer de nouveau en revue les professions des apprenants et de les placer dans le tableau, de manière à personnaliser l'apprentissage.

> **Le féminin des professions:** de nombreuses professions n'ont pas de féminin en français: on dira Madame le Ministre par exemple. Survivance d'un passé pas si éloigné de nous où ces professions étaient un domaine réservé de la gent masculine. D'autres pays francophones comme la Belgique ou le Canada sont moins rigides que la France dans ce domaine et féminisent les professions, même s'ils s'attirent souvent les foudres de l'Académie Française, qui s'estime la gardienne de la langue française. Ceci dit, on assiste à une évolution: suite aux élections législatives de 1997, on entend plus fréquemment ,à la radio ou à la télévision, «la députée», «la ministre», ces élections ayant vu l'Assemblée Nationale se féminiser comme jamais auparavant (environ 10 % de femmes). Ceci dit, «la députée» est parfois perçu comme dévalorisant pour la femme portant ce titre, si bien que beaucoup d'entre elles préfèrent elles-mêmes utiliser le masculin.

b. – Les apprenants prennent connaissance des illustrations et écrivent sous chacune d'entre elle, la profession qu'elle représente.
   – Faire écouter la cassette une première fois, les apprenants identifient les différents bruits.
   – Lors de la deuxième écoute, ils vérifient leurs premières hypothèses et reportent sous l'illustration de chaque profession, le numéro d'ordre du bruit la représentant sur la cassette.

– Ils constatent qu'une profession n'a pas été illustrée et peuvent imaginer quelle illustration ils choisiraient.

Solutions:
1 Coiffeur
2 Informaticien
3 Photographe
4 Musicien
5 Dentiste.
Profession manquante: cuisinier.

Activité d'entraînement: mimer une profession.
– Les apprenants travaillent en groupes de deux ou trois personnes. Les différents groupes se répartissent à travers la salle de classe (dans le couloir, dans d'autres salles, si c'est possible).
– Chaque groupe choisit une profession et prépare un mime (penser aux bruits).
– Chaque groupe mime la profession qu'il a choisie devant les autres qui doivent deviner de quelle profession il s'agit.

Pour éviter que plusieurs groupes ne choisissent la même profession – ce qui n'est pas forcément un problème, d'ailleurs! –, on peut la faire tirer au sort.
Le mime n'est pas l'affaire de tous. Un enseignant qui mime volontiers pourra davantage encourager, stimuler ses apprenants qu'un enseignant qui ne se met pas volontiers en scène de cette manière. La règle là encore: n'exige pas d'autrui ce que tu n'aimerais pas que l'on exigeât de toi! Si l'on constate la moindre réticence, mieux vaut renoncer à cette activité.

c. – La consigne de cette activité permet d'introduire **pourquoi**.
– Les apprenants observent le contenu du zoom (ils peuvent éventuellement se reporter à la première page de cette leçon) et découvrent les deux manières de répondre à une question introduite par **pourquoi: pour + infinitif** ou bien **parce que + proposition**.
– Lors de la première écoute de l'enregistrement, ils se concentrent sur la raison pour laquelle Assia, Mamadou, Matthieu, Florence et Gilles font du yoga et s'efforcent de la rapprocher d'un des motifs figurant

sur la publicité pour le stage dans les Cévennes (problèmes de stress, de concentration, pour se détendre, pour rester en forme, pour rencontrer des gens, pour retrouver l'équilibre, parce que c'est excellent pour la santé).
– A l'issue de la deuxième écoute, qui leur aura permis de vérifier leurs premières hypothèses, ils reportent en face de chaque prénom, le motif correspondant.

Solutions:
Assia: parce qu'elle a des problèmes de concentration.
Mamadou: pour se détendre.
Matthieu: pour retrouver l'équilibre.
Florence: pour rencontrer des gens.
Gilles: pour rester en forme.

Transcription :
«Je suis journaliste. J'ai un métier passionnant: je voyage beaucoup, mais c'est aussi très fatigant. Alors, j'ai des problèmes de concentration.»
«Moi, je travaille à la Poste. Je vends des timbres, des télécartes... Vous savez, c'est pas toujours passionnant ! Alors, le week-end, je fais du yoga pour me détendre. »
«Je suis enseignant et travailler avec des enfants, c'est le stress ! »
«Moi, je déteste les sports violents. Je suis dessinatrice industrielle. Le soir, je finis tard et pendant les vacances, j'ai envie de rencontrer des gens. »
«Eh bien moi, je fume trop ! Je joue du saxo dans un club de jazz... Je fais du yoga pour rester en forme. »

– Demander aux apprenants ce qu'ils font pour faire face au stress et autres problèmes engendrés par la vie quotidienne, qu'ils exercent une profession ou non.

Autre possibilité: faire un sondage dans la classe sur le thème «qu'est-ce que vous faites pour vous détendre?» Pour me détendre, je...
– Choisir parmi les apprenants (en fonction de la taille du groupe) deux ou trois sondeurs.
– Préparer avec eux les questions qu'ils devront poser (préparer éventuellement un formulaire): nom, âge, profession, activité(s)

choisie(s) pour se détendre.
- Les sondeurs se répartissent les autres membres du groupe, procèdent au sondage.
- Les sondeurs font part de leurs résultats.

S'agissant d'une activité de transfert, l'enseignant n'intervient qu'à la demande des apprenants.

3 Phonétique

Commencer par présenter les deux sons de la page à l'aide des illustrations et du support sonore.

❶ – Les apprenants écoutent une première fois l'enregistrement sans écrire.
- Lors de la deuxième écoute, qui leur aura permis de vérifier leurs hypothèses, ils cochent la nasale entendue.

Solutions:
[ã]: 2, 3 (deux fois), 5, 6, 9, 10.
[ɔ̃]: 1, 4, 6, 7, 8, 10.

Transcription :
1 Bonjour / 2 Vacances / 3 Enfant / 4 Combien / 5 Employé / 6 Rencontrer / 7 Simon / 8 Million / 9 Dentiste / 10 Champignon

❷ – Lors de la première écoute, les apprenants repèrent le son ã dans les phrases proposées.
- Lors de la deuxième écoute, ils le soulignent.
- Le tableau récapitulatif leur permet de prendre connaissance des différentes manières dont ce son peut s'orthographier.

Solutions:
a. Armand est enseignant en Provence.
b. Le champagne et le camembert? Ça ne va pas ensemble!
c. Les clients attendent devant la banque.

❸ Procéder de manière analogue.

Solutions:
a. Simon ne comprend pas le breton.
b. Pardon, Monsieur, où se trouve le pont d'Avignon?
c. Combien coûtent les poivrons?

> **Le champagne:** «inventé» au 17ème siècle par dom Pérignon (1638-1715).
> **Le camembert:** inventé par Marie Harel (1761-1813). Fait au lait de vache, apprécié «plâtreux», «fait» ou «bien fait» voire «coulant», le véritable camembert ne saurait venir que de Normandie.
> **Le pont d'Avignon:** il s'agit en fait du pont St-Bénezet construit au 12ème siècle.

❹ – Les apprenants travaillent par deux: chaque groupe reçoit deux dés (prévoir suffisamment de dés!).
- A tour de rôle, ils lancent les deux dés et produisent des phrases à partir des mots obtenus.

Autre possibilité:
- Les apprenants travaillent par deux.
- Durant cinq minutes, ils lancent les dés et consignent par écrit les phrases produites.
- Chaque groupe présente ses phrases: l'enseignant les écrit au tableau.
- Le groupe classe les phrases de manière à obtenir un poème.
- Les apprenants cherchent un titre pour le poème ainsi obtenu.

❺ – Les apprenants observent l'illustration, lisent le contenu des bulles.
- Après avoir écouté l'enregistrement, leur proposer de chanter la chanson.

4 Civilisation: la langue française dans le monde

L'objectif de ces deux pages est de dépasser l'association français = France, de montrer que le français est parlé en tant que langue maternelle ou seconde un peu partout dans le monde.

❶ – Les apprenants observent la carte et prennent conscience du fait que le français est parlé sur les cinq continents, qu'il s'agit d'une langue internationale au même titre que l'anglais ou l'espagnol. Une motivation de plus pour poursuivre son apprentissage!
– Demander aux apprenants s'ils sont déjà allés dans un pays francophone, quelles impressions ils en ont rapporté, s'ils ont l'intention d'inscrire dans un proche avenir l'un de ces pays au programme de leurs vacances...

❷ Les apprenants essaient d'évaluer le nombre de personnes parlant français dans le monde.

Solution: *environ 100 millions (l'Encyclopaedia Universalis avance le chiffre de 95 millions).*

Précisons qu'il s'agit ici des francophones de langue maternelle ou seconde. Si l'on rajoute les personnes maîtrisant le français comme langue étrangère, on arrive à un chiffre d'environ 120 millions de locuteurs de la langue de Molière dans le monde.

❸ – Les apprenants prennent connaissance de la liste des pays et formulent de premières hypothèses, à l'aide de la carte figurant en 1 notamment.
– Ils écoutent l'enregistrement – une seconde écoute sera peut-être nécessaire – et cochent les pays / régions où l'on parle français et les situent sur la carte.

Solutions:
Belgique, Haïti, Guyane (française), Sénégal, Québec, Cameroun, Gabon, Vietnam, Mauritanie, Tunisie et Louisiane.

Transcription :
«Aujourd'hui, nous parlons de la langue française dans le monde. Citez-moi des pays où l'on parle français !
Le Sénégal... Le Québec... Le Gabon.
La Belgique... La Guyane... La Tunisie.
Le Cameroun... Haïti... Le Vietnam.
La Louisiane... La Mauritanie. »

Pour compléter, ajoutons le Luxembourg, la Suisse, le Maroc, l'Algérie, le Val d'Aoste, le Liban, le Laos, le Cambodge, les comptoirs de l'Inde, Djibouti, le Mali, le Niger, le Tchad, le Burkina Faso, la Guinée, la Côte d'Ivoire, le Togo, le Bénin, la République de Centre-Afrique, le Congo, le Zaïre, le Rwanda, le Burundi, les Seychelles, les Comores, Madagascar, Mayotte, la Réunion, Maurice, Wallis et Futuna, le Vanuatu, la Nouvelle-Calédonie, la Polynésie française, Saint-Pierre et Miquelon.

❹ S'il s'agit bien de la même langue française au départ, ne pas occulter le fait que le français hors de France n'a pas évolué de la même manière que la langue de la métropole. Il ne s'agit pas ici de débattre au sujet du français le plus français mais bien plutôt de montrer la diversité et le dynamisme de cette langue à partir d'exemples particulièrement frappants.
– Les apprenants observent les illustrations avec leurs commentaires en français du Québec, de Belgique, de Suisse ou du Sénégal.
– Ils reportent les traductions en français sous l'illustration correspondante.

Solutions:
a. *un hot-dog.*
b. *soixante-dix.*
c. *ma nouvelle voiture.*
d. *du poulet bio.*
e. *nettoyer (à rapprocher évidemment de l'allemand «putzen»).*

Solutions:

1.

*A sept heures et demie, Florence M. prend le
bus n° 25. Elle descend en face du musée. Elle
entre dans une boulangerie, à côté de l'Hôtel de
Ville. Elle achète des croissants. Elle arrive au
bureau à huit heures. A midi, elle quitte le
bureau et va téléphoner à la poste. Cinq minutes après, elle va au Café de la gare. Un homme
entre dans le café. Il s'assoit à côté de Florence.
Ils se font la bise. Elle prend un thé et une salade ; il prend une bière et un sandwich. J'ai des
photos.*

2.

a. *Bonjour, Madame. Vous allez bien ?*
b. *Bien, merci. Aujourd'hui, je prends du lait
et du fromage. Le roquefort est bon ?*
c. *Excellent. Il vient de Millau.*
d. *Alors deux litres de lait et un morceau de
roquefort. Vous avez aussi des œufs ?*
e. *Oui.*
f. *Une douzaine, s'il vous plaît.*
g. *Voilà ! Ça fait 58 F.*

3.

a. *Vous êtes bien Madame Bigoudi ?*
   Oui, c'est moi.
b. *Qu'est-ce que vous faites dans la vie ?*
   Je suis coiffeuse.
c. *Vous travaillez où ?*
   Je travaille dans un salon de coiffure à Lyon.
d. *A quelle heure commencez-vous le matin ?*
   Je commence à 9 heures.
e. *Comment allez-vous au salon de coiffure ?*
   En bus.
f. *Vous avez combien de clients par jour ?*
   J'ai environ 10 clients par jour.
g. *Vous ne faites pas de sport ?*
   Si, je fais de la gymnastique.
h. *Quand ?*
   Le lundi soir.

4.

1. a. *Pour aller à la gare, s'il vous plaît ?*
2. c. *Vous avez l'heure, s'il vous plaît ?*
3. b. *Oh merci, c'est gentil !*
4. c. *Je voudrais des tomates, s'il vous plaît !*
5. b. *Allô Cécile ? C'est Matthieu. Ça va ?*

5.

*C'est Eddy Declerq. Il a 51 ans (en 1997). Il est
attaché culturel. Il est belge. Il vient de Bruxel-
les.*
*C'est Sophie Berthier. Elle a 43 ans. Elle est
journaliste. Elle est française. Elle vient de
Lyon.*
*C'est Ursule Moser. Elle a 40 ans. Elle est
secrétaire. Elle est suisse. Elle vient de Genève.*

> **Thème:** les voyages, les vacances
> **Objectifs communicatifs:** exprimer ses préférences, demander des informations avant d'acheter un voyage, parler des endroits où l'on est déjà allé en vacances, situer dans le temps (mois), parler du temps qu'il fait (météo, saisons), écrire une carte postale, faire un sondage sur les préférences du groupe-classe en matière de vacances
> **Grammaire:** localisation + noms de pays (en, au, aux), le féminin et le pluriel des adjectifs, le passé composé avec être, passé composé et négation
> **Phonétique:** [ɛ̃] et révision de [ɔ̃] et [ɑ̃], modifications phonétiques résultant du passage du masculin au féminin
> **Civilisation:** les vacances des Français

1 Quel style de vacances préférez-vous?

A partir de cette leçon, les consignes sont en français. Ne pas hésiter toutefois à les traduire en allemand, dans la mesure où les apprenants doivent impérativement comprendre ce qu'on attend d'eux avant de se lancer dans une nouvelle activité!

❶ – Les apprenants découvrent les photos et leurs légendes.
  – Ils lisent les profils et associent à chacun d'entre eux une destination, un style de vacances.

Solutions:
a. *Les châteaux de la Loire pour la culture et le VTT pour le sport.*
b. *Les vacances en Dordogne (photo d'un restaurant + adjectif «familial» à mettre en rapport avec «la vie de famille et la cuisine française »).*
c. *La croisière aux Antilles (les mots-clés ici: «mer, soleil, exotisme et confort »).*
d. *Le Maroc («à pied, aventure, sportif »).*
e. *La croisière sur le Canal du Midi («au fil de l'eau, Midi »).*

Il n'est pas nécessaire de comprendre chaque mot pour réussir cette activité, il suffit de recourir aux mots ou expressions qui reviennent dans les légendes des photos et dans les profils. L'enseignant ne doit en aucun cas se laisser influencer par les apprenants et procéder à une traduction préalable, le but de cette activité étant justement de démontrer une fois de plus aux apprenants que la compréhension mot à mot n'est pas indispensable à la compréhension globale d'un texte en français!

Les Antilles françaises: **i**
– **La Martinique:** département français d'outre-mer (DOM); 1 102 km 2; 359 572 habitants; chef-lieu: Fort-de-France. La population, très dense, est composée de Noirs, de créoles et de métis, avec environ 15 000 métropolitains. Elle comprend 50 % de moins de 20 ans (forte émigration des adultes vers la France où les Martiniquais sont plus de 150 000). Principale production: canne à sucre, qui régresse au profit des bananes. Tourisme important. La surpopulation, le chômage et la dépendance économique envers la métropole posent de sérieux problèmes.
– **La Guadeloupe:** département d'outre-mer français (DOM); 1 704 km 2; 386 987 habitants: mulâtres (plus de deux tiers), Noirs (plus de 25 %), créoles (moins de 8 %); chef-lieu: Basse-Terre. Ce département comprend deux îles principales, Basse-Terre et Grande-Terre et de petites îles: la Désirade, Marie-Galante, les archipels des Saintes et de la Petite-Terre, Saint-Barthélémy, Saint-Martin. Le tourisme est en expansion. L'île souffre aujourd'hui de l'état d'assistance et des courants séparatistes se manifestent.

La Dordogne: département français (24), 386 365 habitants; chef-lieu: Périgueux, Région: Aquitaine.

Le Canal du Midi: l'idée de relier la Garonne à la Méditerranée par un canal remonte à François 1er, 240 km de longueur. Après la disparition du transport fluvial, connaît un nouvel essor grâce au tourisme fluvial. Renseignements: Comité Départemental du Tourisme de l'Aude F-11855 Carcassonne cedex.

Les Châteaux de la Loire: situés dans la vallée de la Loire en Anjou et en Touraine: Amboise, Azay-le-Rideau (photo page 57), Blois, Chambord, Chaumont, Chenonceaux. Renseignements: syndicat d'initiative d'Amboise: quai du Général de Gaulle 37400 Amboise.

Le VTT (vélo tout terrain): robuste bicyclette née en 1970 en Californie. C'est en 1979 qu' apparaît l'appellation mountain bike et all terrain bike. Le VTT est introduit en France en 1983, les premières compétitions en France ont lieu en 1984.

Les Logis de France (Fédération nationale des): créée en 1949, adresse: 83, avenue d'Italie, 75013 Paris. Le Guide des Logis de France est publié tous les ans et répertorie env. 3 700 hôtels-restaurants répondant à la charte de qualité Logis de France.

❷ – Les apprenants observent l'illustration et réfléchissent au profil du personnage représenté.
   – Ils écoutent l'enregistrement en se concentrant sur des mots ou expressions-clés figurant dans les profils qu'ils ont retenus comme pouvant s'appliquer à ce personnage («campagne, calme, cuisine française»).
   – Une deuxième écoute sera peut-être nécessaire avant la mise en commun.

Solution:
Pour ce monsieur, les vacances idéales sont les vacances en Dordogne.

Transcription :
«Quel style de vacances préférez-vous ?
– Moi, je préfère les vacances à la campagne: j'aime le calme, la nature... Il n'y a pas de bruit, pas de touristes. C'est agréable ! Et puis j'aime bien la cuisine française traditionnelle.»

– Les apprenants évoquent leur propre profil: procéder à un exercice en chaîne, un premier apprenant posant à son voisin la question «Quel style de vacances aimez-vous?». On peut rendre cette activité moins monotone au moyen d'une balle que l'on lance à la personne que l'on souhaite interroger.

Autre possibilité: le jeu de l'agence de voyage
– Photocopier en plusieurs exemplaires les différents profils de l'activité 1, de manière à obtenir un jeu de cartes.
– Selon la taille du groupe, désigner un ou une personne dirigeant une agence de voyage.
– Les autres apprenants du groupe sont les clients potentiels: ils tirent chacun une carte qui leur donne leur profil. Ils se rendent alors à l'agence de voyage et explique ce qu'ils recherchent – en reprenant à la 1ère personne du singulier, le profil figurant sur la carte -. L'employé(e) de l'agence leur conseille alors une destination, un style de vacances choisis parmi ceux de l'activité 1.

A cette occasion, les apprenants auront l'occasion de revoir les salutations et autres formules de politesse nécessaires dans ce genre d'interactions.

Grammaire modulable : noms de pays

2 A l'aéroport de Roissy-Charles-de-Gaulle

Roissy: 3 113 ha, à 22 km de Paris, début des travaux en septembre 1968. Le nom Charles-de-Gaulle est adopté en 1973. Inauguration le 8-3-74. 1992: le trafic dépasse pour la première fois celui d'Orly avec 25,2 millions de passagers. Novembre 1994: gare d'interconnexion TGV. Une quatrième piste est prévue en l'an 2 000.

❶ – Faire cacher le dialogue.
  – Par l'intermédiaire du titre de cette partie et de l'illustration, les apprenants identifient la situation: une personne se trouve à l'aéroport au guichet dernière minute.
  – Passer les rubriques du QCM en revue.

Les apprenants doivent savoir sur quoi se concentrer lors de l'écoute de l'enregistrement. Ce passage en revue permet également de recueillir quelques informations préalables – la personne qui veut partir s'appelle Julie et elle achète un voyage – et donc de préciser le contexte, de créer un effet d'attente, une certaine curiosité de nature à faciliter la compréhension du dialogue.

  – Lors de la première écoute, les apprenants n'écrivent rien, ils se contentent de repérer des informations.
  – Lors de la deuxième écoute, ils cochent la réponse qu'ils estiment juste et comparent avec leur voisin(e).
  – Ils réécoutent éventuellement une troisième fois pour vérifier.
  – Ils lisent individuellement le dialogue et complètent leurs réponses avant la mise en commun.

Le fait de vérifier dans le dialogue avant la phase de mise en commun donne une chance aux apprenants les plus faibles de compléter leurs réponses et d'obtenir les mêmes résultats que les autres plus doués en compréhension orale.

Solutions:
a. partir dans un pays chaud.
b. au mois de novembre.
c. en Tunisie.
d. l'exotisme, c'est important.
e. la Guadeloupe.
f. ce soir.
g. Maugain.
h. par carte.

❷ – Demander aux apprenants de relire le dialogue et de relever toutes les expressions ayant trait au climat ou au temps qu'il fait: «il fait chaud, il fait vraiment beau

en novembre là-bas, ce n'est pas l'été, les températures sont agréables, il fait en moyenne 25°».
  – Ils prennent connaissance du vocabulaire de la météo, des saisons et du nom des mois.
  – Ils répondent à la question: «Quel temps fait-il aujourd'hui?» en commençant par préciser la date, un peu comme dans un bulletin météo: «Aujourd'hui, nous sommes lundi 11 août 1997. Il fait très beau, il y a du soleil et un peu de vent. Il fait très chaud: environ 30°».

Activité d'entraînement:
  – Photocopier l'annexe 11 et préparer un jeu de cartes – autant de cartes que le groupe compte d'apprenants – ; sur chaque carte figure un nom de ville, chaque ville devant apparaître sur deux cartes (principe du memory).
  – Les apprenants observent la carte et s'efforcent de deviner la saison.
  – Chaque apprenant tire une carte et les apprenants possédant une carte avec le même nom de ville se regroupent et travaillent ensemble pour cette activité: ils rédigent le bulletin météorologique de la ville où ils sont censés se trouver.
  – Lors de la mise en commun, chaque groupe lit son bulletin météorologique sans mentionner la ville dont il est question.
  – Le reste du groupe suit attentivement la description et devine de quelle ville il s'agit.

❸ – Apporter des prospectus d'agences de voyage françaises (catalogue Nouvelles Frontières par exemple).
  – Les apprenants travaillent en groupes de deux ou trois personnes, un apprenant jouant le rôle de l'employé et l'autre / les deux autres de client(s). Les groupes travaillent simultanément, l'enseignant passant de l'un à l'autre.

❹ – Les apprenants lisent la carte écrite par Julie.
  – Attirer leur attention sur les formules épistolaires de la carte «Chère Laure» et surtout «Grosses bises» qui permettent de

déduire que Julie et Laure se connaissent très bien – elles sont amies, mais elles pourraient tout aussi bien être de la même famille –. En profiter pour indiquer quelques variantes très utiles: Chers amis, Chers parents, Je vous / t'embrasse, Amitiés, Amicalement, Cordialement... Signaler également que la Guadeloupe étant un DOM, il n'est pas nécessaire de faire précéder le nom du bureau distributeur d'un F.

– Pour faire plus authentique, photocopier en autant d'exemplaires que vous avez d'apprenants l'annexe 6 et distribuer à chacun une carte postale vierge.
– Les apprenants font une première ébauche au brouillon, puis recopient leur texte sur la carte postale.
– Afficher toutes les cartes au tableau et les apprenants se lèvent pour venir les lire.

L'enseignant passe d'apprenant en apprenant pour diminuer le nombre de fautes d'orthographe: insister surtout sur les fautes de recopie, de conjugaison et d'accord (féminin, pluriel). Faire preuve de diplomatie et savoir passer sur certaines fautes. Cette activité ne doit en aucun cas se résumer à un simple exercice d'orthographe, elle en deviendrait frustrante ce qui n'est pas le but recherché!

i

Le code postal: à cinq chiffres (depuis 1972) dont les deux premiers représentent le numéro minéralogique du département, les 3 autres le bureau distributeur. Triple zéro réservé aux chefs-lieux de département, double zéro aux bureaux importants. Pour les lettres aux particuliers de Paris, Lyon, Marseille, les deux derniers chiffres sont le numéro de l'arrondissement.
Cedex: c.à.d. courrier d'entreprise à distribution exceptionnelle, ce système de distribution rapide du courrier est utilisé dans les villes importantes et définit une entité regroupant les sections spécialisées de distribution (boîtes postales, services publics etc.) auxquelles correspondent des numéros de codes collectifs ou individualisés pour en assurer une meilleure distribution.

2, 3

GRAMMAIRE

Noms de pays
Les apprenants ont déjà eu dans cette leçon l'occasion de manipuler noms de pays et prépositions (cf. encadré de la première page). Ils vont à présent découvrir la règle.

5 a. – Les apprenants prennent connaissance du contenu des dirigeables, formulent des hypothèses et lisent les phrases de l'exercice.
– En fonction de leurs hypothèses, ils reportent les noms de pays contenus dans les phrases dans le dirigeable qui convient.

Solutions:
au: Canada, Sénégal.
en: France, Belgique, Italie.
aux: Etats-Unis, Canaries.

b. – Ils observent leurs résultats et parviennent aux conclusions suivantes: **aux** est réservé aux noms de pays au pluriel, **au** est utilisé avec les noms de pays masculin singulier et **en** est utilisé avec les noms de pays au féminin singulier ainsi qu'avec les noms de pays au masculin singulier et commençant par une voyelle.
– Les apprenants complètent à présent les phrases de la partie b de cet exercice avec la préposition qui convient.

Solutions:
1: en / 2: aux / 3: au / 4: en / 5: au.
c. – Les apprenants répondent en indiquant le pays où ils vont passer leurs prochaines vacances.

4

Adjectifs
– Les apprenants observent et complètent le tableau.

Solutions:
romantique / hystérique / exotique
européenne / autrichien / bonne
passionné / important / allemande / français
premier / chère / discret / étrangère
active

– Insister sur les modifications phonétiques qu'entraîne le passage au féminin.
– Signaler la formation du pluriel régulier des adjectifs – cf. encadré -.

❻ – Les apprenants complètent les phrases en accordant les adjectifs avec les substantifs auxquels ils se rapportent.
– Ils reportent les adjectifs de l'exercice qui n'y figurent pas encore dans le tableau.

Solutions:
a. verte / complet / rouges.
b. grande / française / dynamique.
c. italiennes / espagnols / suisse / allemande / anglais.
d. français / allemands.
e. française / discrète / charmant.
f. dynamiques / sportifs / passionnés.
g. petit / grands.

La place de l'adjectif épithète ne figure pas au programme grammatical de cette leçon. Il n'est pas invraisemblable de penser que les apprenants vont remarquer qu'il est placé tantôt avant, tantôt après le substantif qu'il détermine. Leur répondre que l'adjectif se place après le nom en règle général, mais que quelques adjectifs fréquents et assez courts (petit, grand ici) se placent avant le nom.

5, 6

Passé composé avec être
– Les apprenants observent la première illustration et lisent le contenu de la bulle du bijoutier. Au-delà de l'humour, ils découvrent d'une part la formation du passé composé avec être: **auxiliaire être + participe passé et d'autre part que le participe passé est assimilable à un adjectif: il s'accorde en genre et en nombre avec le sujet de l'auxiliaire être.**
– La deuxième illustration permet aux apprenants de prendre connaissance, en contexte, des verbes qui forment le passé composé avec être: pour résumer, disons qu'il s'agit de verbes décrivant des activités fondamentales de l' «être vivant».

– Les apprenants abordent à présent la formation du participe passé: ils observent et complètent le tableau.

Solutions:
passé / tomber / rentré / parti

❼ – Les apprenants prennent connaissance du contenu de l'encadré: lorsque les deux sexes sont représentés dans un groupe de personnes, le masculin l'emporte!
– Les apprenants complètent les phrases de l'exercice en mettant les verbes au passé composé.

Solutions:
a. est née / b. sont allés / c. est partie / d. n'est pas venu / e. sont parties – sont revenues / f. es rentré ou rentrée

La phrase d de cet exercice donne de précieuses indications sur l'utilisation de la négation en liaison avec le passé composé: les deux éléments **ne...pas** encadrent l'auxiliaire et non le groupe verbal dans son intégralité.

7, 8, 9, 10

❽ – En fonction de la taille du groupe, choisir deux à trois sondeurs, qui reçoivent chacun une photocopie du formulaire figurant dans le livre de l'élève.
– Avant de procéder au sondage, passer en revue les différentes rubriques avec l'ensemble des apprenants.
– Les sondeurs se répartissent les autres apprenants de manière égale et leur posent les deux questions du sondage en n'omettant pas les salutations et autres formules de politesse d'usage. Pour chaque apprenant, ils reportent l'initiale du prénom en face des réponses qu'il a données.
– Chaque sondeur fait ses comptes, puis les sondeurs se réunissent et délibèrent.
– La proclamation des résultats se fait en deux temps: les hommes et les femmes aiment-ils, oui ou non, le même style de vacances? Par ailleurs, qui serait susceptible de partir en vacances avec qui? Les personnes dont les goûts s'accordent, se

regroupent et resteront ensemble jusqu'à la fin du cours.

Cette activité demande du temps, mais présente de nombreux avantages: elle crée du mouvement dans la classe, les apprenants sont autonomes – après le passage en revue des diverses rubriques du formulaire de sondage, l'enseignant se tient en retrait – ; elle permet également aux apprenants d'entrer en contact avec d'autres personnes que celles à côté desquelles ils sont assis habituellement.

i La route des vins en Bourgogne: cf. cahier d'exercices, leçon 8, exercice 9 page 136.

Le baladeur: nom français courant du walkman.

Guides touristiques et gastronomiques français les plus connus: Guides Michelin, Guides bleus (par pays, villes, régions de France, villes de France), Guides Gallimard, Guide du routard, Gault/Millau.

3 Phonétique

❶ L'enseignant aura déjà, lors des explications relatives au féminin des substantifs et des adjectifs, attiré l'attention des apprenants sur les modifications d'ordre phonétique que le passage au féminin entraîne. Au cours de cet exercice, les apprenants ont l'occasion de s'entraîner à différencier «à l'oreille» masculin et féminin.
   – Les apprenants écoutent la cassette et effectuent un premier repérage.
   – Lors de la deuxième écoute, ils entourent le mot entendu.

Solutions:
a. italienne / b. africain / c. cliente / d. exotique (les deux formes sont identiques) / e. sportif / f. Martine /g. espagnol ou espagnole (les deux formes sont phonétiquement identiques) / h. allemand /i. Simone /j. française /k. dentiste /l. ouvrier /m. étrangère /n. belge

❷ – Présenter le son [ɛ̃] à l'aide de l'illustration et du support sonore.

– Les apprenants écoutent la cassette et effectuent un premier repérage.
– Lors de la deuxième écoute, ils soulignent le son [ɛ̃] dans les phrases de l'exercice.

Solutions:
*a. Le cous**in** d'Al**ain** est music**ien**.*
*b. Mon ami améric**ain** vient dem**ain** matin.*
*c. Le tr**ain** pour Qu**im**per est pl**ein**.*
*d. Mart**in** aime b**ien** le v**in** ital**ien**.*
*e. Je voudrais v**ingt** t**im**bres à c**inq** francs.*
*f. Adr**ien** est fonctionnaire europé**en**.*

Gauguin: peintre français (Paris, 1848-Atuona, îles Marquises, 1903). Titre du tableau reproduit: Femmes de Tahiti (1891), Musée d'Orsay, Paris.
Quimper: chef-lieu du département du Finistère, à 16 km de l'Atlantique; 62 541 habitants. Célèbre pour ses faïenceries et la Fête des Cornouailles. Syndicat d'initiative : pl. de la Résistance 29000 Quimper.

❸ Après s'être concentrés sur le son [ɛ̃], les apprenants en recensent les graphies possibles.

Solutions:
-in: s'intéresse / cousin / matin / Martin / vin / cinq
-im: impressionniste / Quimper / timbres
-ain: Alain / américain / demain / train
-ein: peinture / plein
-(i)en: Julien / musicien / bien / italien / Adrien
-(é)en: européen

❹ – Faire écouter le divertissement pour le plaisir.
   – Présenter aux apprenants un tableau avec trois rubriques: [ɛ̃], [ɔ̃], [ɑ̃].
   – Les apprenants réécoutent phrase par phrase (touche pause) le divertissement et reportent dans chaque rubrique les mots du divertissement comportant le son correspondant.
   – Faire réutiliser le vocabulaire du divertissement pour décrire l'illustration.

Solutions:
[ɛ̃]: un, dindon, lapin, bien, pain, peint, pingouin, Tintin, bain, demain.

[ã]: *grand, rencontre, blanc, comment, enfants, Titan, mange, prend.*
[ɔ̃]: *dindon, marron, rencontre, bonjour, vont, mon, bon, Tonton.*

- Les apprenants réécoutent et se livrent à un exercice de play-back avant de s'entraîner par deux à réciter ce divertissement.
- Utiliser l'annexe 3 (smileys) pour fabriquer autant de petites cartes «humeur» que vous avez d'apprenants dans votre groupe.
- Chaque apprenant tire une carte, les apprenants ayant la même humeur se regroupent et s'entraînent à réciter le divertissement en accord avec leur humeur du moment.
- Chaque groupe présente le résultat de son travail.

4 Civilisation: les vacances des Français

Cette page ne se contente pas seulement de donner des informations sur les styles de vacances affectionnés par les Français. Elle devrait être le point de départ d'une discussion, d'une réflexion de la part des apprenants sur leurs goûts personnels et ceux de leur pays en matière de vacances.

- Les apprenants prennent connaissance des consignes de l'activité.
- Passer en revue avec eux les différentes phrases de manière à ce qu'elles soient bien comprises de tous.

- Les apprenants lisent le texte individuellement pour découvrir les mots leur permettant de compléter les phrases et donc de trouver la solution.
- En cas de doute, ils comparent avec d'autres apprenants et relisent éventuellement le texte pour éliminer leurs dernières incertitudes.

Solutions:
a̲oût / hi̲ver / m̲er / c̲ampagne / étra̲nger / Es̲pagne / Bretag̲ne.
A partir des lettres soulignées, on obtient le mot CAMPING.

> **Le camping en France:** pour tous renseignements s'adresser à la Fédération française de camping et de caravaning, 78, rue de Rivoli, 75004 Paris qui publie un guide officiel.

i

Cette manière de procéder permet là encore de lutter contre la conviction erronée des apprenants selon laquelle le sens global d'un texte dépendrait de la compréhension de chacun de ses mots. Les phrases de l'exercice ne sont ni plus ni moins qu'un résumé de ce qui est à retenir de ce texte. En commençant par les passer en revue, non seulement on sécurise les apprenants, mais on leur donne surtout les clés de la compréhension du texte.

- Proposer aux apprenants, en groupes de deux à trois personnes, de s'inspirer des phrases de l'exercice et éventuellement du texte pour rédiger une courte présentation des styles de vacances affectionnés par leurs compatriotes.

A la découverte de la Provence

> **Thème:** vacances en Provence
> **Objectifs communicatifs:** répondre à des questions sur ses vacances (parler de l'endroit où l'on est allé, ce qu'on y a fait, de l'hébergement...), s'exprimer au passé, rédiger une biographie, remplir une fiche de renseignements (nom, prénom, adresse, nationalité, téléphone), s'enquérir des préférences d'autrui, raconter ses souvenirs de vacances (réelles et / ou imaginaires)
> **Grammaire:** passé composé avec avoir (exemples de participes passés), interrogation avec quel, adjectifs possessifs
> **Phonétique:** [s] et [z]
> **Civilisation:** les racines des Français

1 Visages de Provence

– Les apprenants découvrent le thème de cette leçon: la Provence à partir des illustrations de la page 67.

– Passer les photos en revue en demandant aux apprenants ce qu'elles évoquent pour eux. L'enseignant apporte éventuellement un complément d'informations. C'est l'occasion de réutiliser le passé composé avec être: il / elle est né(e), il / elle est mort(e)...

– Les apprenants localisent les lieux cités sur la carte.

– Demander aux apprenants s'ils connaissent la Provence, s'ils y sont déjà allés (où exactement? Situer sur la carte) et s'ils retrouvent sur cette page des aspects correspondant à leurs souvenirs: **Pour vous, la Provence, qu'est-ce que c'est?** Demander aux apprenants qui ne sont jamais allés en Provence quels sont les aspects parmi ceux présentés sur cette page qui leur plaisent le plus, qui leur donnent envie d'aller passer leurs vacances en Provence.

Autre possibilité:
– **La Provence, pour vous qu'est-ce c'est?:** procéder à un remue-méninges préalable (livre fermé) sur le thème de la Provence: noter tout ce qui vient à l'esprit des apprenants, puis procéder à des regroupements.

– Les apprenants ouvrent le livre et découvrent les aspects retenus par les auteurs de facettes et font part de leurs réactions:

manquent-ils des aspects selon eux? Certains leur apparaissent-ils dépourvus d'intérêt?

Giono: écrivain français, chantre de la Haute Provence (Manosque, 1895 – id. 1970).
Picasso: né à Malaga, en 1881, mort à Mougins en 1973. Peintre dessinateur, graveur, sculpteur et céramiste espagnol; l'artiste le plus célèbre du XXème siècle. Les Demoiselles d'Avignon date de 1907.
Apt: 11 702 habitants, dans le Vaucluse au pied du Lubéron, siège de la Maison du Parc Régional du Lubéron. Confiserie. Syndicat d'initiative: 2, av. Philippe-de-Givard 84400 Apt.
Avignon: 89 440 habitants (env. 181 100 pour l'agglomération). Centre commercial et touristique. Festival de musique, théâtre et de danse en juillet-août, créé par Jean Vilar en 1947. Syndicat d'initiative: 41, cours Jean Jaurès 84000 Avignon.
Orange: dans le Vaucluse, 28 136 habitants. Théâtre antique, Arc de triomphe. Syndicat d'initiative: cours Aristide Briand 84100 Orange.
Lavande: cultivée depuis le 19ème siècle en Provence. A voir: le Musée international de la Parfumerie à Grasse, 8, place du Cours 06130 Grasse.
Pour Jeanne Calment, Paul Cézanne, se reporter à la rubrique grammaire, exercice 5 b.

2 Vacances en Provence

❶ – Les apprenants laissent le livre ouvert à la première page.
 – L'enseignant leur présente la situation (il s'agit de l'interview de Catherine, qui, pour ses dernières vacances, est allée en Provence avec son copain) et explicite la consigne.
 – Les apprenants se concentrent sur la carte et les photos de la première page tout en écoutant l'interview de Catherine. Ils repèrent les lieux et les personnages figurant sur la page et évoqués par Catherine.
 – Ils vérifient en lisant le dialogue.
 – Ils font apparaître sur la carte les lieux visités par Catherine et son copain.

Solutions:
Catherine évoque la lavande, Cézanne, Manosque et Giono, Avignon, les marchés.
La lecture du texte permet de rajouter à cette liste des lieux qui n'ont pas encore été évoqués en cours comme Oppède-le-Vieux, Roussillon, le Lubéron.

Mon copain: désigne le compagnon de Catherine, la personne avec laquelle elle vit sans être mariée ou bien si elle vit encore chez ses parents, la personne avec laquelle elle vit une relation amoureuse.
Van Gogh: peintre néerlandais (Groot Zundert, 1853 – Auvers-sur-Oise, 1890). Après une période parisienne néo-impressionniste (1886-1888), il part pour Arles (Tournesols, l'Arlésienne), où Gauguin vient le rejoindre. Leurs relations prennent un tour dramatique, à la suite de diverses crises de délire (Portrait de l'homme à l'oreille coupée), Van Gogh est interné à Saint-Rémy. En 1890, il part s'installer chez un ami, le docteur Gachet, à Auvers-sur-Oise près de Paris, où il se suicide.
Oppède-le-Vieux: Vaucluse, à l'ouest du Parc Régional du Lubéron, 1 127 habitants; remparts, château médiéval, collégiales (XV ème siècle).
Roussillon: commune située également dans le Parc Régional du Lubéron, 1 165 habitants.

Manosque: Alpes-de-Haute-Provence; 19 537 habitants. Ville natale de Jean Giono. Syndicat d'initiative: place du Dr. Joubert 04100 Manosque.
Le Lubéron: le Parc Régional du même nom couvre 130 000 ha et s'étend de Cavaillon à Manosque.
Aix-en-Provence: dans les Bouches-du-Rhône; 126 854 habitants. Ville universitaire et artistique, festival international de musique les trois dernières semaines de juillet. Syndicat d'initiative: 2, rue du Général de Gaulle 13100 Aix-en-Provence.

Grammaire modulable: question avec quel

❷ – Les apprenants retrouvent dans le texte les phrases qui décrivent les vacances de Catherine et les soulignent.

Solutions:
«Je suis allée en Provence l'année dernière avec mon copain. Nous sommes partis début juin. Nous avons visité surtout les petites villes et les vieux villages. Nous sommes aussi allés à Manosque... Et puis, nous avons visité Avignon... Nous avons vu le pont d'Avignon... On a fait des randonnées superbes... Nous avons préféré les marchés. Nous avons loué un gîte rural... Nous sommes restés là une semaine. Après, on a fait du camping.»

 – Attirer leur attention sur le temps auquel ce récit est raconté et leur demander ce qu'ils remarquent. Ils retrouvent ici le passé composé avec être et découvrent qu'il existe une autre forme de passé composé: auxiliaire avoir + participe passé et que contrairement au passé composé avec être, avec avoir le participe passé reste invariable.

❸ – Les apprenants réécrivent individuellement le récit de Catherine à la troisième personne du singulier.
 – Avant la mise en commun, ils comparent leur production avec leur voisin(e).

Solutions:
Elle est allée en Provence l'année dernière avec son (à donner) copain. Ils sont partis début

juin. Ils ont visité surtout les petites villes et les vieux villages. Ils sont aussi allés à Manosque... Et puis, ils ont visité Avignon... Ils ont vu le pont d'Avignon... Ils ont fait des randonnées superbes... Ils ont préféré les marchés. Ils ont loué un gîte rural... Ils sont restés là une semaine. Après, ils ont fait du camping.

GRAMMAIRE

Passé composé avec avoir

Grâce aux deux activités précédentes, les apprenants ont découvert le passé composé avec avoir. La rubrique grammaire leur permet de compléter leurs informations et surtout de s'entraîner à manipuler les deux formes de passé composé.

- Les apprenants observent le tableau qui présentent la formation du participe passé: ils retrouvent notamment les désinences déjà vues à l'occasion de l'introduction du passé composé avec être.
- Ils complètent le tableau.
- Lors de la mise en commun, donner le sens des verbes nouvellement introduits (mettre, voir, recevoir, vivre).

Solutions:
loué / préféré/ choisi

❹ – Les apprenants consultent les tableaux des leçons 7 (page 61) et 8 (page 69) pour déterminer dans chaque cas s'il s'agit d'un passé composé avec avoir ou être et vérifient la formation du participe passé (comprendre fonctionne comme prendre et rentrer comme entrer).
- Ils mettent les phrases au passé composé.
- Veiller lors de la mise en commun à ce que le sens de chaque phrase – même s'il n'est pas indispensable à la réalisation de l'exercice – soit bien compris de tous.

Solutions:
a. Ils sont allés / Ils ont loué.
b. Nous avons vécu / Vous avez habité.

c. Je n'ai pas compris / Vous n'avez pas compris.
d. Tu es rentré(e) / J'ai eu / J'ai pu.
e. Suzanne a reçu / Son copain a passé.
f. Vous avez choisi / J'ai pris.
g. Elle a été malade / Elle n'a pas pu.
h. Tu as mis / J'ai mis.

❺ a. – Les apprenants soulignent les verbes au passé composé dans le texte.
- Ils retrouvent pour chaque verbe la forme de l'infinitif.

Solutions:
est née – naître / a rencontré – rencontrer / n'a jamais travaillé – travailler / s'est mariée – se marier / a eu – avoir / est morte – mourir / a reçu – recevoir / a enregistré – enregistrer

b. – Les apprenants travaillent individuellement.
- Ils choisissent d'écrire, en s'inspirant de celle de Jeanne Calment, la biographie d'Yves Montand ou de Paul Cézanne.
- Les apprenants se regroupent en fonction du choix qu'ils ont opéré, comparent leurs productions et s'entendent sur une version commune. L'enseignant en prend connaissance et donne quelques conseils, si nécessaire.
- Les groupes recopient leur texte sur une grande feuille que l'on affiche au tableau et prennent connaissance de la biographie qu'ils n'ont pas écrite sur fond de chansons d'Yves Montand, pourquoi pas?

Solutions:
Paul Cézanne: *Paul Cézanne est né en 1839 à Aix-en-Provence. En 1863, il est parti pour Paris. Là, il a étudié Delacroix et les peintres baroques. Puis il a choisi des thèmes dramatiques et lyriques. En 1872, il a quitté Paris et a habité à Auvers-sur-Oise. Il a fait la connaissance de Pissaro. En 1877, il a participé à la 3ème exposition impressionniste à Paris. A partir de 1879, il est revenu à une composition classique: Montagne Sainte-Victoire. Il a beaucoup inspiré le cubisme. Paul Cézanne est mort en 1906.*
Yves Montand: *Ivo Livi est né en Toscane en 1921. En 1924, la famille Livi est partie pour Marseille. La carrière de chanteur d'Ivo Livi a*

commencé en 1938. A cette époque, il a pris le nom d'Yves Montand. En 1944, il est parti pour Paris, a rencontré Edith Piaf, puis Simone Signoret. Il s'est marié avec Simone Signoret en 1946. Il a tourné son premier film «Le salaire de la peur» en 1959. Cela a été le début d'une longue carrière au cinéma. Dans les années 1959 à 1961, il a fait la connaissance de Marilyn Monroe. Simone Signoret est morte en 1985. En 1989, Yves Montand a eu un fils: Valentin. Yves Montand est mort en 1991 pendant le tournage d'un film.

Activité d'entraînement:
– Chaque apprenant choisit dans l'une des trois biographies (Calment, Cézanne et Montand) un verbe lui paraissant important pour écrire la biographie de quelqu'un et l'écrit au tableau.
– Chaque apprenant nomme un chiffre / nombre compris entre 1 et 90 que l'on écrit au tableau également.
– L'enseignant soumet alors au groupe la photo d'un ou d'une inconnue.
– Par deux ou trois, les apprenants imaginent la biographie de cette personne en utilisant les verbes et les chiffres / nombres figurant au tableau.

Questions avec quel
– L'enseignant lit les phrases de l'encadré.
– Les apprenants remarquent que les quatre formes se prononcent de manière identique et identifie la nature de chacune: quel = masculin singulier / quelle = féminin singulier / quels = masculin pluriel / quelles = féminin pluriel.

❻ Les apprenants relient questions et réponses.

Solutions:
a. 2 / b. 1 / c .3 / d. 5 / e. 4

❼ Pour réaliser cet exercice, les apprenants s'inspirent des réponses et des questions de l'exercice précédent.

Solutions:
a. De quel pays vient Helen?
b. Quelles langues est-ce qu'ils ont appris?
c. Vous avez vécu dans quel pays?
d. De quelle ville venez-vous exactement? De quelle ville est-ce que tu viens exactement?
e. Elle a quel âge?
f. Quels livres est-ce que vous aimez?
g. Quel sport font Pierre et Gérard?

Cet exercice offre également la possibilité de revoir les trois manières de poser une question en français!

❽ Les apprenants travaillent en tandem et simultanément, se posant les questions – avec quel – nécessaires pour pouvoir remplir la fiche de leur partenaire.

Solutions:
Quel est votre nom / prénom / numéro de téléphone?
Quelle est votre nationalité / adresse?

Activité de révision de l'interrogation en français: les questions que je voudrais poser à mon chef.
– Chaque apprenant rédige sur une fiche trois questions qu'il aimerait poser à son chef en suivant les consignes suivantes: les trois types de questions possibles en français doivent être utilisés et une des trois questions doit comporter l'adjectif interrogatif quel.
– L'enseignant ramasse les fiches et les redistribue de manière à ce que personne n'ait sa fiche en mains.
– Chacun lit tour à tour les questions qu'il a sur sa fiche, on les corrige ensemble si nécessaire, puis l'enseignant les écrit au tableau.

Adjectifs possessifs
– Les apprenants prennent connaissance des différentes formes des adjectifs possessifs.
– Insister sur le fait que **mon, ton, son** se rencontrent également devant tout substantif féminin commençant par une voyelle ou un

h muet (cf. illustration) et qu'à la troisième personne du singulier, contrairement à l'allemand, le choix du possessif dépend du genre et du nombre du substantif qu'il précède et non du sexe de la personne qui possède.

❾ Les apprenants complètent les phrases de l'exercice avec l'adjectif possessif qui convient.

Solutions:

a. ses, son, ses, ses / b. son, ses, son / c. leur, leurs / d. ton, mes / e. notre, notre, nos / f. vos

❿ – Les apprenants travaillent en tandem et simultanément.
  – Ils s'interrogent mutuellement sur leurs préférences: quelle est ta ville préférée? Quel est votre couleur préférée? Etc.

Autre possibilité:
– Chaque apprenant rédige de manière anonyme une petite fiche en indiquant un nom de ville, une couleur, un acteur / une actrice, un sport et un roman.
– L'enseignant ramasse les fiches, les mélange et les redistribue de manière à ce que personne n'ait sa propre fiche en mains.
– Les apprenants se lèvent et partent à la recherche de l'auteur de la fiche qu'ils ont entre les mains en posant des questions sur les préférences des autres apprenants.
– Lorsque l'on a trouvé la personne à qui appartient la fiche, on complète cette dernière en y inscrivant le nom ou prénom de son auteur.
– Lors de la phase de plenum, chacun présente les préférences de l'auteur de la fiche qu'il détient.

7, 8

⓫ – Les apprenants travaillent en groupes de deux à trois personnes.
  – Les apprenants de chaque groupe imaginent qu'ils sont allés ensemble à Paris (ou ailleurs!) le temps d'un week-end et racontent ce qu'ils ont fait. L'enseignant passe de groupe en groupe et veille surtout à ce que les participants racontent des actions et ne formulent pas de phrases où l'utilisation de l'imparfait serait nécessaire.
  – Chaque groupe désigne un rapporteur qui présente le récit du groupe au reste de la classe lors de la phase de plenum.

La tour Eiffel: construite pour l'Exposition universelle de 1889, inaugurée le 31 mars 1889. C'est le monument de Paris le plus visité: 162 134 610 visiteurs en 1995. Accès métro: Bir Hakeim.
Le château de Versailles: en 1623, Louis XIII installe sur la butte de Versailles un rendez-vous de chasse. 1660-1662: Louis XIV commence à renouveler jardins et intérieurs (architectes: Le Vau, d'Orbay et Hardouin-Mansart et Le Nôtre pour les jardins). 3, 28 millions de visiteurs en 1994. Les parties les plus intéressantes sont la chapelle et les appartements historiques du corps central, qui comprennent notamment le grand appartement du roi et la galerie des Glaces. A voir également l'Orangerie, le Petit et le Grand Trianon. Accès RER: Versailles Chantiers, Versailles Rive Droite.
Les bouquinistes: marchand de livres d'occasion le long des quais de la Seine à Paris.
Les bateaux-mouches: bateaux pour se promener sur la Seine. Lieu d'embarquement: Pont de l'Alma (métro: Alma-Marceau, RER: Pont de l'Alma).
Eurodisneyland: parc de loisirs conçu sur le modèle du Disneyland californien et situé à Marne-la-Vallée à 32 km de Paris. Ouvert en 1992, on y accède en RER (Ligne A à 45 minutes de Paris, station Chessy / Marne-La Vallée).

9

3 Phonétique

Présenter les sons de la page à l'aide des illustrations et du support sonore.

❶
- Les apprenants prennent connaissance de la liste de mots.
- Ils écoutent la cassette pour se faire une première idée.
- Lors de la deuxième écoute, ils soulignent tous les mots comportant le son [s] (ou le son [z]).
- A l'issue de cette deuxième écoute, ils reportent les mots entre les deux drapeaux côté France ou côté Tunisie.

Solutions:
France: anniversaire, français, sport, merci, poisson, décembre, Suzanne, attention, alsacien, descendre.
Tunisie: bise, paysage, Suzanne, douze, alsacien, anglaise, zéro.
Suzanne et alsacien figurent des deux côtés.

Le drapeau français: l'emblème national est le drapeau tricolore bleu, blanc et rouge à trois bandes verticales d'égales dimensions en vertu de l'article 2 de la constitution du 27 octobre 1946 (IVe République). La constitution de la Ve République (4 octobre 1958) indique simplement que l'emblème national est le drapeau tricolore bleu, blanc, rouge. La combinaison de ces trois couleurs remontent à la Révolution Française: le bleu et le rouge sont les couleurs du blason de la Ville de Paris alors que le blanc est la couleur emblématique de la noblesse. L'alliance de ces trois couleurs traduit la cohésion nationale, l'appartenance du peuple et de la noblesse à une même nation.

❷
- Les apprenants écoutent la cassette une première fois et repèrent le son [z] dans les phrases de l'exercice.
- Lors de la deuxième écoute, ils le soulignent.

Solutions:
a. *Françoise fait seize bises à Basile.*
b. *Quel plaisir, les baisers du cousin suisse!*
c. *Ils aiment la cuisine alsacienne.*
d. *L'exposition Cézanne commence le quinze décembre au musée d'Orsay.*
e. *Des zèbres dans le désert? Bizarre!*

❸ – Les apprenants passent à la graphie des deux sons: ils relisent les mots / phrases des exercices précédents et complètent le tableau récapitulatif.
- Rappeler le phénomène de la liaison (leçon 3).

Solutions:
Sport, anniversaire, Suzanne, seize, suisse, Orsay.
Suisse, dessert, poisson.
Français, Françoise.
Merci, décembre, alsacien, alsacienne, Cézanne, commence.
Attention, exposition.
Descendre.
Musée, désert, tunisien, bise, paysage, alsacien, anglaise, Françoise, bises, Basile, plaisir, baisers, cousin, ils aiment (liaison), cuisine, alsacienne, exposition, .
Zéro, Suzanne, douze, seize, Cézanne, quinze, zèbres, bizarre.

4 Civilisation: les racines des Français

L'objectif de cette page est de montrer que si Paris joue au plan national un rôle fondamental qu'il s'agisse de la vie politique, économique ou de l'importance de la population – un Français sur cinq habite Paris ou la région parisienne –, il existe d'autres régions en France. Nous avons choisi de présenter cette réalité sous un angle original: à partir des témoignages de provinciaux «montés» à Paris, mais dont l'attachement à leur région d'origine est resté intact en dépit des charmes de la vie parisienne. De nombreuses personnes ne choisissent pas vraiment de s'installer en région parisienne et vivent souvent cette nécessité comme un exil, un déracinement. A l'occasion du moindre week-end prolongé ou des vacances ils quittent la région parisienne pour retrouver leurs racines.

- Les apprenants prennent connaissance des listes de prénoms et de régions; ils repèrent ces dernières sur la carte.
- Ils écoutent la cassette en se concentrant sur les indices susceptibles de les conduire vers la réponse.
- Ils réécoutent une seconde fois et relient prénoms et régions.
- Lors de la mise en commun des résultats de chacun, insister – éventuellement réécouter – sur les éléments des interviews qui permettaient de retrouver la région d'origine de chaque personne.
- Attirer l'attention des apprenants sur les accents des différentes personnes: éventuellement faire réécouter juste pour percevoir les différences d'une personne à l'autre (accent alsacien et du Midi surtout).
- Les apprenants prennent connaissance de la présence en France d'autres langues que le français standard parlé à Paris. L'enseignant complète l'information en expliquant pour quelle raison le phénomène dialectal ne touche que 6,4 % des Français rappelant la volonté constante des gouvernants de la France à partir de la Révolution – pour favoriser la propagation des idéaux révolutionnaires – et surtout de la Troisième République – avec l'arme la plus efficace qui soit: le système scolaire unifié obligatoire – de franciser le territoire.

Solutions:
Anne: elle vient de Bretagne (indices: «bretonne, Rennes, Bretagne»)
Jacques: il vient de Corse («Ajaccio, corse, Napoléon»)
Pierre: il vient d'Ile de France («né à Paris, parisien»)
Dominique: Elle vient d'Alsace («Strasbourg, Alsace»)
Manuel: il vient du Pays Basque («Pays Basque, Biarritz»)

Mireille: elle vient de Provence («Midi, Avignon, Provence, soleil»)

Transcription :
Anne: *«Moi, je suis bretonne : je viens de Rennes. C'est mon mari qui est parisien... Alors, par amour pour lui, j'ai quitté la Bretagne. Il y a dix ans déjà ! Et oui, le temps passe ! »*
Jacques : *«Moi, je viens d'Ajaccio. Je suis corse comme Napoléon... Je suis monté à Paris pour mon travail, mais pendant les vacances, je rentre chez moi et, à la retraite, dans trois ans, je quitte l'Ile de France pour toujours et... sans regrets, vous pouvez me croire ! »*
Pierre: *«Moi, je suis né à Paris... Je suis un vrai Parisien et fier de l'être ! Paris, c'est la plus belle ville de France, du monde peut-être ! Et puis, du point de vue professionnel, il y a tout à Paris ! »*
Dominique: *«A mon accent, on reconnaît tout de suite que je ne suis pas originaire de la région parisienne ! Non, je viens de Strasbourg... J'ai quitté l'Alsace pour des raisons professionnelles: je suis fonctionnaire et pour mon premier poste, j'ai été nommée ici. Mais, je viens d'obtenir ma mutation et, en septembre, je retourne à Strasbourg ! »*
Manuel: *«Ma famille vient du Pays Basque. Personnellement, je suis né à Biarritz. Mais, mon père est militaire de carrière, alors on bouge beaucoup : trois ans ici, trois ans là... On rentre à Biarritz pour les vacances. »*
Mireille: *«Moi, je suis du Midi. J'ai quitté Avignon il y a vingt ans pour venir finir mes études à Paris... Puis, j'ai trouvé du travail, j'ai rencontré mon mari, les enfants sont arrivés et je suis restée. Ma vie, c'est plutôt la région parisienne maintenant. Mais, je suis toujours très heureuse de retourner en Provence. Je crois que ce qui me manque le plus, c'est le soleil car le climat parisien, entre nous, c'est pas génial!»*

Le breton: langue celtique, il existe à l'origine plusieurs dialectes bretons, unifiés en 1941 à l'initiative d'écrivains. La Bretagne «bretonnante» est située actuellement à l'ouest d'une ligne Plouha-Corlay-Elven-Muzillac. Il existe un enseignement de breton dans les académies de Nantes, Paris, Rennes, Versailles.

L'alsacien: dialecte germanique. Dans les villes et chez les jeunes, sa pratique recule au profit du français. En 1979, 75 % des plus de quinze ans résidant en Alsace déclaraient parler ou savoir parler alsacien.

L'occitan ou langue d'oc: ensemble des dialectes romans parlés dans la moitié sud de la France. L'occitanisme est, depuis 1962, un mouvement d'inspiration aussi idéologique et politique que culturelle se manifestant en Aquitaine, Languedoc-Roussillon, Limousin, Midi-Pyrénées, Provence-Côte d'Azur et (partiellement) en Auvergne et Rhône-Alpes. L'occitan peut être présenté au bac(calauréat) comme langue régionale depuis 1983.

Le catalan: langue romane parlée en Roussillon français et en Andorre se distingue peu du catalan de Catalogne. Peut être étudié à l'école notamment dans l'académie de Montpellier.

Le basque: langue non-indo-européenne parlée au Pays Basque qu'un grand nombre de linguistes rattachent aux langues caucasiennes ou caucasiques. Fait également partie des langues régionales que l'on peut présenter au bac.

Pour aller plus loin:
- Engager une discussion avec les apprenants en leur demandant s'ils ont, eux aussi, quitté leur région d'origine.
- Passer en revue avec les apprenants les raisons qui peuvent motiver un tel départ et les écrire au tableau: faire en sorte que les apprenants nomment les raisons qui ont motivé les personnes interviewées à quitter leur région d'origine.
- Proposer aux apprenants de découvrir pourquoi Anne, Jacques, Dominique, Manuel et Mireille ont quitté leur région natale.
- Les apprenants réécoutent l'enregistrement en se concentrant sur les motifs de quitter sa région qui figurent au tableau.
- Lors de la mise en commun, donner les phrases employées par les personnes interviewées pour expliquer leur présence en région parisienne.

Solutions:

Anne: elle a quitté la Bretagne par amour, parce que son mari est parisien.

Jacques: il a quitté Ajaccio parce qu'il a trouvé du travail à Paris.

Dominique: elle a quitté Strasbourg et l'Alsace parce qu'il est fonctionnaire et les fonctionnaires en France commencent très souvent leur carrière en région parisienne.

Manuel: il a quitté le Pays Basque parce que son père est militaire de carrière et les militaires doivent souvent déménager – tous les trois ans en moyenne -.

Mireille: elle a quitté sa région pour finir ses études à Paris et puis, elle a rencontré son mari et par amour pour lui, elle est restée dans la région parisienne.

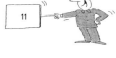

65

Une sortie

1 Au restaurant «A la bonne fourchette»

– Introduire le thème du restaurant / de l'ali-mentation en France à partir d'un remue-méninges préalable: noter au tableau, en vrac, tout ce qui passe par l'esprit des apprenants. Faire appel à l'expérience des apprenants ayant déjà eu l'occasion de séjourner en France : se rappellent-ils des expressions utilisées pour commander, demander l'addition? Ont-ils remarqué des différences au niveau du savoir-vivre au restaurant par rapport à leur propre pays – on ne s'assoit pas par exemple à une table déjà occupée même s'il y reste encore des places -? Pour ceux qui ne sont encore jamais allés en France, rappeler qu'en Alle-magne, de nombreux plats ou produits ali-mentaires portent des noms français.

– Mettre de l'ordre au tableau en introduisant les rubriques suivantes: hors-d'œuvre, plat principal, fromage, dessert, boissons. Classer les différents termes évoqués par les apprenants lors de la première phase dans ces différentes rubriques.

❶ Les apprenants prennent connaissance du menu du restaurant «A la bonne fourchet-te»: traduire **fourchette** et en profiter pour donner **assiette, couteau, verre, serviette, cuillère.**

– Leur demander quels plats ils ont déjà eu l'occasion de manger.

– Passer en revue les autres, traduire éven-tuellement et donner quelques informations sur la composition, l'origine du nom de tel ou tel plat...

– Les apprenants prennent connaissance de la consigne de l'exercice. Traduire **viande, boisson, poisson** si ces mots ne sont pas encore connus.

– Les apprenants écoutent le dialogue enregis-stré en se concentrant sur le menu afin de mieux repérer les plats choisis par Michèle et Jacques. Ils peuvent les souligner dans le menu par exemple.

– Une seconde écoute leur permet de vérifier leurs premières hypothèses.

– A l'issue de la mise en commun, ils repor-tent dans le tableau les plats choisis par Michèle et Jacques.

Autre possibilité pour introduire de manière ludique les noms de plats du menu:

– Réunir des photos en couleur des différents plats figurant sur le menu du restaurant «A la bonne fourchette».

– Confectionner un jeu de cartes portant les noms des différents plats représentés sur les photos.

– Disposer les photos sur une première table et les noms des plats sur une autre.

– Les apprenants se lèvent, vont d'une table à l'autre et regroupent photos et noms.

– Après confirmation ou infirmation et rec-tification de la part de l'enseignant, les apprenants répartissent les différents plats dans les catégories introduites précédem-ment, à savoir: hors-d'œuvre, plat principal, fromage, dessert.

– Ils ouvrent le livre pour vérifier.

– Poursuivre comme plus haut.

LEÇON 9

i

Solutions:

Michèle prend comme hors-d'œuvre une omelet-te aux truffes, comme plat principal un gigot d'agneau, comme boisson de l'eau et comme dessert un sorbet au citron.
Jacques prend comme hors-d'œuvre des huîtres, comme plat principal un saumon à l'oseille, comme boisson un Chablis et comme dessert une tarte Tatin.
Ils prennent tous deux un café.

Transcription:

«Monsieur, s'il vous plaît!
– Messieurs-Dames, vous avez choisi?
– Oui, alors deux menus à 120 F, s'il vous plaît.
– Qu'est-ce que vous prenez comme hors-d'œu-vre?
– Pour moi des huîtres ... Et toi, Michèle?
– Moi, j'ai envie d'une omelette aux truffes.
– Bon alors, des huîtres et une omelette... Ensuite, comme plat principal?
– Je prends un gigot d'agneau.
– Je préfère du poisson. D'ailleurs, il est déli-cieux ici... Un saumon à l'oseille.
– Et comme boisson?
– Du vin blanc avec le poisson, un Chablis.
– Pour moi, une carafe d'eau.
– Vous désirez un dessert?
– Oui, on a déjà choisi. Un sorbet au citron et une tarte Tatin.
– Vous prenez des cafés?
– Oui, deux cafés et l'addition, s'il vous plaît. »

– Les apprenants prennent alors connaissance du tableau récapitulatif des structures entendues au restaurant.
– Ils réécoutent le dialogue en se concentrant cette fois sur les structures du tableau et notent leur ordre de passage sur la cassette.

Solutions:

1: vous avez choisi? / 2: qu'est-ce que vous prenez comme...? / 3: pour moi... / 4: j'ai envie de... / 5: je prends... / 6: je préfère... / 7: vous désirez...

❷ Les apprenants travaillent en groupes de deux à trois personnes.
– Les différents groupes jouent simultané-ment une scène de restaurant. L'enseignant qui n'intervient pas directement, passe de groupe en groupe.

Le fait de faire travailler les différents groupes d'apprenants simultanément a pour effet d'une part de rendre la simulation plus authentique – avec ces personnes qui commandent leur menu et les serveurs qui évoluent dans la classe autour de leurs clients, on se croirait vraiment au restaurant! – et de dédramatiser le fait de parler en français: il n'y a pas de plenum, de présentation intimidante au reste du groupe du travail que l'on a fourni sous l'œil critique de l'enseignant! Les apprenants restent entre eux. L'expérience montre que les langues se délient plus facilement en petit comité et que la pré-sence de l'enseignant passe pratiquement ina-perçue dans la fièvre de l'action!

La tarte Tatin: tarte aux pommes caramé-lisées cuite à l'envers mais servie à l'endroit. On raconte que les sœurs Tatin, aubergistes à Lamotte-Beuvron au début du siècle, lais-sèrent tomber une tarte aux pommes par terre et qu'elles la servirent à l'envers.
La lotte à l'américaine ou à l'armoricaine: armoricaine vient d'Armor qui désigne en breton le littoral de la Bretagne. On fait reve-nir dans de l'huile la lotte coupée en mor-ceaux et farinée jusqu'à ce qu'elle ait pris une belle couleur dorée, on réserve le poisson et l'on prépare la sauce avec du vin blanc, de l'oignon et de l'ail hachés, du bouillon et du concentré de tomate. Quand la sauce est prête, on remet le poisson et on laisse mijoter le tout.
La terrine: désigne le récipient de terre assez profond où l'on fait cuire un pâté et son con-tenu.
Les fromages: on dénombre en France quel-ques 340 sortes de fromages. «Comment vou-lez-vous gouverner un peuple qui possède plus de 300 sortes de fromages?» De Gaulle.
La journée des Français est rythmée par trois repas: le petit déjeuner, le déjeuner et le

dîner. Le «souper» ne se prend plus que de façon très exceptionnelle, tard après le spectacle. A signaler: le goûter que les enfants prennent en rentrant de l'école en fin d'après-midi. Comme on peut le voir dans la partie civilisation, l'alimentation et la manière de manger ont beaucoup évolué en France. Certes, on considère qu'un vrai repas doit comporter au moins un hors-d'œuvre, un plat de viande ou de poisson accompagné de légumes, un plateau de fromages et un dessert, le tout arrosé de vin. Dans la vie quotidienne, on constate que le temps manque pour préparer de tels repas: on grignote un sandwich, on mange à la cantine, on sert un plat unique, le dessert est soit un fruit ou un yaourt. Quand on reçoit, on met vraiment les petits plats dans les grands: on sort sa plus belle nappe avec serviettes assorties en tissu, sa plus belle vaisselle, ses couverts en argent, on sert l'apéritif, on sort les bonnes bouteilles, on prend un digestif et on passe de nombreuses heures à table. Pour ce qui est du savoir-faire au restaurant, voir la civilisation de la leçon 10.

Au restaurant, on n'appelle plus «garçon», on dit «Monsieur, Madame, Mademoiselle» en fonction de l'âge de la serveuse. En cas de doute, mieux vaut dire «Madame» que de commettre un impair!

L'eau minérale: sans précision, c'est de l'eau plate. Si vous êtes un «accro» des bulles, commandez une eau minérale gazeuse ou pétillante, ou tout simplement «un Perrier».
Il y a systématiquement une carafe d'eau sur les tables des restaurants français.
Le serveur vous conduit à une table, vous donne la carte et demande si vous désirez un apéritif. Dans la mesure du possible, tous les convives sont servis en même temps. Le dessert et le café se commandent lorsque le serveur vient desservir.

2 Invitation et réservation par téléphone

Avant de laisser tourner la page et découvrir les activités de la deuxième partie de cette leçon, faire écouter les deux dialogues en demandant aux apprenants de déterminer de quel genre de conversations téléphoniques il s'agit.

Solution:
La première conversation téléphonique est d'ordre privé: deux amies discutent.
La seconde est une réservation téléphonique d'une table dans un restaurant.

Les apprenants devraient faire sans problème le lien entre les deux conversations: les deux amies décident d'aller au restaurant ensemble et l'une d'entre elle procède à la réservation. De cette manière, on a posé le décor.

❶ Faire cacher le dialogue.
– Passer en revue les différentes rubriques du QCM – les rubriques, à l'exception de la première, suivent la progression des deux dialogues – en insistant bien sur le fait que toutes ces phrases sont correctes et que le but de l'exercice est de retrouver celles qui se trouvent dans le dialogue.
– Les apprenants écoutent les deux dialogues en se concentrant sur le QCM de manière à repérer les phrases à cocher.
– Lors de la deuxième écoute, ils cochent les phrases qui figurent dans le dialogue.
– Avant la mise en commun, les apprenants lisent les dialogues pour vérifier.

Solutions:
1: b (dans le premier dialogue) et c (dans le deuxième) / 2: a / 3: c / 4: b / 5: a
Au téléphone: la première et la troisième réponses de la rubrique 1 du QCM sont des réponses professionnelles tandis que la seconde – allô + nécessité pour la personne qui appelle de vérifier qu'elle a bien le bon correspondant – est la réponse-type de la conversation téléphonique personnelle.

9

LEÇON

Les restaurants n'ouvrent généralement pas leurs portes le soir avant 19 heures. Quand ils vont au restaurant, les Français y vont rarement avant 20 heures.

❷ Les apprenants travaillent en tandem ou par groupes de trois personnes, selon qu'ils ont choisi a ou b.

– Ils s'inspirent du QCM et des deux dialogues et élaborent soit une conversation personnelle comportant une invitation à déjeuner, à l'apéritif ou à dîner soit la proposition à un / une ami(e) d'aller ensemble au restaurant avec la réservation d'une table – les apprenants choisissent un restaurant à partir des quatre cartes de visite illustrant la première et la deuxième page de cette leçon.

– Chaque groupe présente son ou ses dialogues au reste du groupe.

GRAMMAIRE

Les démonstratifs

– Les apprenants découvrent les démonstratifs à partir des illustrations.

– Ils cherchent d'autres exemples dans les deux dialogues de la page précédente : ces vacances, **ce** week-end, **ce** resto, **cet** endroit, **cette** fois, **cette** table.

– Insister sur l'emploi du démonstratif cet devant tout substantif masculin singulier commençant par un voyelle ou un h muet et sur le fait que les démonstratifs s'emploient également avec une expression de temps.

Le kir: apéritif devant son nom au chanoine Félix Kir (1876-1968), maire de Dijon de 1945 à 1968 et député de 1946 à 1967. Cet apéritif est réalisé avec 1/3 cassis et 2/3 de vin blanc aligoté. Si l'on remplace le vin blanc par du champagne, on obtient un kir royal.

Les nèfles: fruit du néflier de la taille d'un gros abricot, à consommer très mûr.

❸ Les apprenants classent les mots de l'encadré sous le démonstratif qui convient.

Solutions:
ce: sorbet, fromage, soir, week-end
cet: hôtel, après-midi
cette: salade, omelette, terrine, photo, table
ces: huîtres, crevettes

❹ Les apprenants complètent les phrases de l'exercice avec les démonstratifs qui conviennent.

Solutions:
a. ce / b. cet /c. ce / d. cette /e. ce /f. cette /g. ce / h. ces

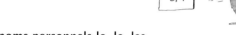

Les pronoms personnels le, la, les

– Les apprenants observent la première série de phrases de l'encadré.

– Ils remarquent que les pronoms personnels objet sont semblables aux articles définis le, la, les.

Solutions:
le remplace le sorbet / la remplace la table / les remplace les photos

– Ils observent les deux dernières phrases de l'encadré.

– Ils remarquent que le et la deviennent l' devant un verbe commençant par une voyelle – ou un h muet –.

Solutions:
l'remplace le pain devant aimer / l'remplace la viande devant acheter

❺ Les apprenants complètent les phrases de l'exercice avec le pronom personnel objet qui convient.

Solutions:
a. l' / b. les / c. la /d. le / e. les /f. l'

Les apprenants prennent ensuite connaissance du contenu de l'encadré intitulé «à la forme négative», à savoir que ce qu'ils ont appris sur la négation ne...pas qui encadre le verbe reste

69

exact dans la mesure où le pronom personnel objet fait partie du groupe verbal.

❻ Les apprenants complètent les phrases de l'exercice en utilisant négation et pronom personnel objet.

Solutions:
a. il ne le fait pas /b. je ne les invite pas /c. je ne le mange pas / d. je ne l'achète pas /e. je ne la vois pas

Pronoms toniques (suite et fin)
–   Les apprenants revoient les pronoms toniques **moi, toi, lui/elle, vous** qu'ils connaissent depuis la leçon 2.
–   Ils découvrent **nous, eux/elles**.
–   Récapituler les emplois des pronoms toniques: seuls, après c'est/ce sont, après prépositions (à, chez, avec, pour...). Insister sur la fonction de mise en relief «Moi, je reste à la maison!» où le pronom tonique est repris ensuite par un pronom personnel sujet.

❼ Les apprenants complètent les phrases avec les pronoms toniques qui conviennent – il peut y avoir plusieurs solutions –.
–   Ils écoutent la cassette pour vérifier.

Solutions:
lui / lui / elle /eux (lui puisqu'il est surtout question de Gérard) / toi / toi (nous ce qui signifie que les deux interlocutrices habitent ensemble) / elles / moi / moi (nous si l'on considère qu'elles veulent aller manger avec Claire et Juliette), toi

❽ a. Les apprenants lisent la B.D. individuellement.
–   L'ensemble du groupe d'apprenants décrit la situation, le stand devant lequel se trouvent Michel et son amie, ils passent en revue les objets (livres, verres, assiettes, couverts...) que l'on peut acheter.

b. Chaque apprenant choisit un objet et adapte la B.D. en conséquence.
–   Les apprenants qui ont choisi le même objet se regroupent, comparent leurs productions et se mettent d'accord sur une version commune.
–   Lors de la mise en commun, insister sur les transformations (modification des pronoms personnels sujets, des pronoms personnels objets, des démonstratifs, des adjectifs interrogatifs) qui étaient nécessaires.

Solutions:
Les verres: regarde ces verres / quels verres / les verres / envie de les acheter / tu les trouves / ils coûtent combien ces verres / je les prends / ils sont à vous
La lampe: cette lampe / quelle lampe / la lampe / l'acheter / tu la trouves / elle coûte... cette lampe / je la prends / elle est etc.

c. Les apprenants s'inspirent des dialogues qu'ils viennent d'élaborer pour jouer une scène de marché aux puces. L'enseignant peut prévoir des catalogues ou bien toutes sortes d'objets hétéroclites de manière à rendre la simulation encore plus proche de la réalité.

Là encore, il est important de laisser les différents groupes jouer leur dialogue simultanément pour recréer l'ambiance du marché aux puces, pour donner l'impression aux apprenants de sortir de la classe.

> **Les marchés aux puces** à Paris: ils se tiennent chaque week-end et attirent toujours les foules. Le plus grand est le marché aux puces de Saint-Ouen ouvert également le lundi (accès métro Porte de Clignancourt), citons aussi le marché de la Porte de Vanves ou bien encore celui de la Porte de Montreuil.

3 Phonétique

Commencer par présenter les sons de cette page à partir de l'illustration et du support sonore.

❶ Les apprenants prennent connaissance des mots figurant dans l'encadré.
- Ils écoutent la cassette et repèrent – soulignent ou entourent – par exemple les mots comportant le son [ʒ] de manière à ne pas devoir se concentrer sur deux sons à la fois.
- La deuxième écoute leur permet de vérifier leurs premières hypothèses.
- A l'issue de la mise en commun, ils reportent côté Chine les mots comportant le son [ʃ] et côté Japon les mots comportant le son [ʒ].
- Insister sur les différentes graphies des deux sons (cf. encadré).

Solutions:

Chine: choisir, château, chéri, architecte, chercher, charme
Japon: girafe, bijou, Georges, journal, étranger, voyage, juin

❷ Faire écouter le divertissement pour le plaisir.
- Présenter aux apprenants un tableau avec deux colonnes: [ʃ] et [ʒ].
- Les apprenants réécoutent phrase par phrase (touche pause) le divertissement et reportent dans chaque colonne les mots du divertissement comportant le son correspondant.
- Les apprenants réemploient le vocabulaire du divertissement pour décrire l'illustration.

Solutions:

[ʒ]: J', jaune, beaujolais-village, géranium, joli, geai, cage, jeune, orange, étrange, rouge, singe, Java
[ʃ]: achète, chapeau, charmant, chat, chou, chez, marchand, chinois

- Les apprenants réécoutent et se livrent à un exercice de play-back avant de s'entraîner par deux à réciter ce divertissement.

– Utiliser l'annexe 3 pour fabriquer autant de petites cartes «humeur» que vous avez d'apprenants dans votre groupe.
– Chaque apprenant tire une carte, les apprenants ayant la même humeur se regroupent et s'entraînent à réciter le divertissement en accord avec leur humeur du moment.
– Chaque groupe présente le résultat de son travail.

Le Beaujolais: région de la bordure orientale du Massif central, entre la Loire et la Saône, pays de vignobles réputés: on distingue le Beaujolais, le Beaujolais Supérieur (rouge et blanc) et le Beaujolais-Villages (rouge et blanc). Le Beaujolais nouveau a été inventé en 1954: il est commercialisé le troisième jeudi du mois de novembre à 0 h 1 dans les bars. Parmi les diverses appellations: Beaujolais-Villages: goût banane, obtenu sans foulage initial, le raisin est placé entier dans une cuve fermée 3 à 4 jours; par la «respiration du raisin», la cuve se sature en gaz carbonique qui accélère la fermentation.

i

4 Civilisation: les Français à table

L'objectif de cette page est de montrer que si les Français accordent beaucoup d'importance à l'alimentation, s'ils sont prêts à investir temps, argent et kilomètres pour bien manger, il serait faux de les imaginer passant quotidiennement des heures à cuisiner et à rester assis autour d'une table. C'est loin d'être la situation la plus courante dans la vie du Français moyen! La plupart des habitants de l'Hexagone mangent au restaurant de leur entreprise. Les femmes qui travaillent pour les trois quarts d'entre elles n'ont pas le temps en semaine de mitonner des petits plats.

i

A travers l'étude des statistiques et du texte de cette page, les apprenants ont également l'occasion de découvrir que la mondialisation en matière d'alimentation n'a pas épargné la France et de réfléchir à leurs propres habitudes alimentaires.

❶ a. Les apprenants observent la statistique et décrivent en se basant sur les pourcentages les plus élevés le petit déjeuner à la française.
  – Leur demander ce qu'ils pensent de ce petit déjeuner.

Solution:
En France, le petit déjeuner dure en moyenne 17 minutes. En général, les Français prennent du café noir ou du café au lait avec des tartines ou des viennoiseries (croissants par exemple).

b. Les apprenants travaillent en tandem et simultanément.
  – Ils s'inspirent du vocabulaire de la statistique pour décrire leur petit déjeuner à leur partenaire.

❷ a. Passer les aliments de la deuxième statistique en revue, indiquer la signification des flèches: «a augmenté, a diminué, est resté stable».
  – Les apprenants travaillent en groupes de deux ou trois personnes.
  – Ils choisissent une situation en fonction de laquelle ils formulent les conseils appropriés. Utilisez les structures: il faut et vous devez...

b. Les apprenants travaillent en tandem et évoquent leurs habitudes alimentaires.

Autre possibilité:
– Afficher au tableau des photos de personnalités de corpulence variable.
– Les apprenants travaillent en groupes de deux ou trois personnes.
– Chaque groupe choisit sans en faire part au reste de la classe une personne et élabore son portrait alimentaire en s'appuyant sur les questions posées en 2 b ainsi que des recommandations d'ordre diététique.
– Lors de la mise en commun, chaque groupe lit son portrait et les autres apprenants devinent de qui il s'agit.

c. Les apprenants reconsidèrent les statistiques de cette page et se concentrent sur leur signification globale.
  – Ils lisent individuellement le texte et recherchent des phrases correspondant à chaque statistique.
  – Ils se consultent entre eux, relisent éventuellement le texte encore une fois pour vérifier avant la mise en commun.

Solutions:
Statistique 1 (petit déjeuner): «Le petit déjeuner est maintenant un repas important pour beaucoup de Français. »
Statistique 2 (un Français consomme en moyenne): «Ils mangent plus de poisson, moins de légumes et ont diminué leur consommation d'alcool. Ils ont découvert les céréales et les produits laitiers... Les Français sont devenus raisonnables! »

Ce document authentique comporte d'une part des statistiques illustrées et d'autre part un texte. Nous en avons dissocié les deux aspects en commençant à travailler avec le plus évocateur. De cette manière, les apprenants ont pris connaissance d'un certain nombre de données mais aussi du sens du document dans son ensemble, à savoir que le comportement des Français a évolué. De cette manière, les apprenants sont en possession des informations qui sont nécessaires pour tirer parti de la lecture du texte. La consigne de lecture donnée en c, permet de faire ressortir la complémentarité des deux aspects de ce document et bien sûr de lutter contre le penchant favori de nos apprenants: la conviction profondément ancrée que la compréhension globale d'un texte dépend avant tout de la compréhension de chacun de ses mots.

10

> **Thème:** famille et profession
> **Objectifs communicatifs:** parler de sa famille (mariage, naissances...), de sa vie professionnelle (candidature à un nouvel emploi) et des conséquences qu'elle peut avoir sur la vie de famille (déménagement suite à un changement de poste...), correspondance suite à candidature, annonces immobilières, recherche d'appartement, formuler des projets, prendre position, donner son point de vue, argumenter, voir le pour et le contre
> **Grammaire:** passé récent (venir de + infinitif), futur proche (aller + infinitif), négation (ne... jamais, ne... personne, ne... rien) et temps simples et composés
> **Phonétique:** [p] et [b]
> **Civilisation:** En France, c'est comme ça!

1 Benoît, Petra, Romain et les autres...

– Les apprenants observent la première page de cette leçon.
– Ils la commentent et établissent le lien entre les différents documents présentés: le faire-part de mariage va avec la photo de mariage sur laquelle on peut voir Petra et Benoît à l'issue de la célébration de leur mariage civil; le faire-part de naissance va avec la photo de bébé qui représente donc la petite Marine.

– Les apprenants examinent attentivement les deux faire-part.
– En plenum, on fait le point sur les informations recueillies sur Benoît et Petra.

Solutions:
Petra est allemande, elle vient de Sarrebruck.
Benoît est français et vient de Caen en Normandie.
Benoît et Petra se sont mariés en France, à Caen le 7 janvier 1989.
Ils ont trois enfants: un garçon, Romain, et deux filles Aude et Marine. Marine est née le 3 avril 1997: c'est encore un bébé. On ne connaît pas l'âge des deux autres enfants. Les enfants ont des prénoms français.
On connaît aussi l'adresse de Benoît et Petra: ils vivent en France, à Paris dans le 11ème arrondissement, boulevard Voltaire.

Le vocabulaire de la famille
La famille n'est pas le thème fondamental de cette leçon. Ceci dit, ce thème est en général fort apprécié des apprenants et il est tout à fait envisageable d'aller au-delà du mariage et de la naissance d'un bébé.
– Les apprenants travaillent en tandem.
– Chaque groupe reçoit une photocopie de l'annexe 12 et complète l'arbre généalogique de Benoît et Petra grâce aux informations figurant sur les deux faire-part.
– A l'issue de la mise en commun, l'enseignant présente au rétroprojecteur l'arbre généalogique de Benoît et Petra et introduit le vocabulaire de la parenté en passant toutes les personnes en revue et en établissant tous les liens possibles avec les autres personnes figurant sur l'arbre – écrire les termes au tableau au fur et à mesure qu'ils interviennent – «Monsieur Jean Baudry est le mari de Madame Baudry, le père de Benoît, le beau-père de Petra et le grand-père de Romain, Aude et Marine. Madame Baudry est la femme de Jean Baudry, la mère de Benoît, la belle-mère de Petra et la grand-mère de Romain, Aude et Marine.»
– Les apprenants présentent Monsieur et Madame Zimmermann.
– L'enseignant poursuit avec Benoît et Petra: «Benoît est le fils de Monsieur et Madame Baudry, le mari de Petra, le gendre de Monsieur et Madame Zimmermann et le père de Romain, Aude et Marine». «Petra est la fille de Monsieur et Madame Zimmermann, la femme de Benoît, la belle-fille de Monsieur et Madame Baudry et la mère de Romain,

Aude et Marine» «Romain, Aude et Marine sont les enfants de Benoît et Petra et les petits-enfants de Monsieur et Madame Baudry ainsi que de Monsieur et Madame Zimmermann. Romain est le frère de Marine et Aude et le fils de Benoît et Petra, Marine et Aude sont les sœurs de Romain et les filles de Benoît et Petra».

Variations sur le thème de la famille:
– Chaque apprenant reçoit une photocopie de l'annexe 12 et constitue son arbre généalogique.
– En tandem, les apprenants se présentent réciproquement leur famille en s'aidant du vocabulaire figurant au tableau.

Autre possibilité:
– L'enseignant dispose au milieu de la pièce des photos de personnages inconnus: toutes les tranches d'âge (enfant, adolescent, jeune adulte, adulte, personne âgée) doivent être représentées.
– Les apprenants se lèvent et travaillent en grand groupe à reconstituer à partir de ces photos un arbre généalogique.
– Lors de la phase de plenum, chaque apprenant choisit une personne sur cet arbre généalogique et présente, en s'aidant du vocabulaire figurant au tableau, ses liens de parenté avec les autres personnes.

i Le mariage: on se marie d'abord à la mairie: c'est le mariage civil. Dans 50 % des cas, il est suivi du mariage religieux à l'église. Le mariage est l'occasion de faire la fête, de revoir toute la famille, d'afficher son appartenance au clan familial. Après les traditionnelles photos, le cortège, dans un concert de klaxons, se dirige vers le restaurant où le repas durera plusieurs heures.

2 Plan de carrière

– Les apprenants observent les deux documents de cette page et relève tout ce que l'on retrouve dans l'un et l'autre: **SG2 Strasbourg Etudes Régionales, adresse à Strasbourg, Réf. 106, candidature, Jean-Pierre Coursault.**

– Ils complètent cette étude préalable en observant la lettre: sans la lire en détail, on apprend qui en est l'expéditeur – la personne qui a signé: J. P. Coursault -, le destinataire – Benoît Baudry -, la date à laquelle elle a été écrite.
– Les apprenants sont à présent en mesure d'identifier le lien entre les deux documents et de faire des hypothèses précieuses quant au contexte dans lequel viendra s'inscrire le dialogue: il y a d'une part une annonce d'offre d'emploi pour un poste d'ingénieur système, Benoît a postulé pour ce poste – nous connaissons donc sa profession en plus des informations de la première page – et il a reçu une réponse du Directeur Régional.
– Les apprenants n'ont pas été sans remarquer que le poste est situé à Strasbourg: leur demander ce qui a pu motiver cette décision de la part de Benoît, à leur avis (le désir de Petra de se rapprocher de l'Allemagne) .

❶ Passer en revue avec les apprenants les rubriques du QCM.
– Les apprenants lisent la lettre de Monsieur Coursault en recherchant les réponses au QCM.
– Ils comparent entre eux avant la mise en commun.
– Signaler que la formule utilisée pour terminer la lettre **Nous vous prions d'agréer...** est de règle dans toute correspondance officielle.

Solutions:
1. *La lettre est une réponse positive: «Nous serions heureux de vous rencontrer.»*
2. *Benoît doit téléphoner à Monsieur Coursault: «Veuillez téléphoner à Monsieur Coursault au...».*
3. *Benoît doit prendre rendez-vous avec Monsieur Coursault la semaine prochaine pour un entretien d'embauche.*

Les apprenants ne doivent pas se laisser dérouter par l'apparente difficulté d'un document écrit. La première erreur à éviter: ne pas se lancer de manière prématurée dans une lecture détaillée. Commencer par regarder le texte, chercher, comme ici, à en identifier la nature, à mettre à jour le lien unissant plusieurs documents écrits présentés ensemble, recueillir le plus possible d'informations préalables à la lecture (à partir des titres, sous-titres, portions de texte en caractères gras...). Face à une lettre, commencer par recenser le plus d'informations possibles (destinataire, expéditeur, date et lieu, lien entre destinataire et expéditeur à partir des formules d'ouverture et de clôture...) avant d'aborder le corps de la lettre. Ces recherches préliminaires permettent de recueillir nombre d'informations susceptibles de créer un contexte, de recréer la situation dans laquelle s'inscrit le document et constituent un savoir nécessaire à une bonne compréhension du texte lorsque l'on en aborde la lecture détaillée. Ces informations préalables donnent également l'envie d'en savoir plus, l'envie de lire pour vérifier les hypothèses que l'on a pu faire.

Benoît Baudry a posé sa candidature: il a envoyé à l'entreprise un dossier comprenant son curriculum vitae (manuscrit, non signé: y figurent des renseignements d'**état civil** (marié ou pas, enfants...), sa **formation** (études avec diplômes obtenus et écoles fréquentées notamment si elles sont prestigieuses), son **expérience professionnelle** (stages effectués, emplois occupés, à quelle date, fonctions exercées au sein de l'entreprise...), des renseignements divers: par exemple les langues étrangères maîtrisées et le degré de maîtrise et éventuellement les loisirs: une personne qui postule pour un poste d'animateur de centre culturel mentionnera qu'elle joue de la musique ou du théâtre par exemple) et de plus en plus souvent une lettre de motivation manuscrite (les entreprises font en général appel à un graphologue) dans laquelle le postulant explique pourquoi l'annonce a retenu son attention, dans le cas de Benoît la raison pour laquelle il souhaite quitter la région parisienne, en quoi il est un candidat intéressant pour l'entreprise et ses attentes mais non salariales. S'il n'est pas fait mention de la rémunération dans l'offre d'emploi, elle constituera un des points au programme de l'entretien d'embauche.

❷ Les apprenants écoutent le dialogue entre Petra et Benoît et lisent le texte simultanément.
  – Ils recensent les points sur lesquels porte la discussion entre les deux époux: l'avenir professionnel de Benoît, l'optimisme de Petra qui se voit déjà à Strasbourg et le scepticisme de Benoît qui pense aussi aux problèmes qui ne manqueraient pas d'accompagner son obtention du poste chez SG2.
  – Les apprenants travaillent par deux et, s'inspirant des cartes de visite professionnelles figurant sur cette page, modifient le dialogue entre Benoît et Petra: nom des entreprises évoquées, période à laquelle doit avoir lieu l'entretien d'embauche.
  – Les différents groupes travaillent simultanément, l'enseignant allant de l'un à l'autre.

Autre possibilité:
– Demander aux apprenants d'imaginer par deux ou trois la conversation téléphonique entre Benoît et Monsieur Coursault.
– Les différents groupes confrontent leurs dialogues et élaborent ensemble avec l'aide du prof un dialogue commun que l'on écrit au tableau et qui pourrait ressembler au dialogue suivant:

Secrétaire: «SG 2 Strasbourg, j'écoute!
Benoît: – Bonjour, je voudrais parler à Monsieur Jean-Pierre Coursault, s'il vous plaît.
Secrétaire: – C'est de la part de qui?
Benoît: – Monsieur Baudry. Je téléphone pour un entretien d'embauche... Je voudrais prendre rendez-vous avec lui.
Secrétaire: – Ne quittez pas, je vous le passe.
J.P. Coursault: – allô?
Benoît: – Monsieur Coursault? Benoît Baudry à l'appareil. J'ai reçu votre lettre hier et...
J.P. Coursault: – Ah, Monsieur Baudry! Oui, j'ai trouvé votre candidature très intéressante et je pense que vous avez le profil idéal pour ce poste. Pouvez-vous venir à Strasbourg la semaine prochaine, disons mardi après-midi vers quinze heures?
Benoît: – Le 17 juin... Oui, c'est possible...»

- Les apprenants travaillent par trois: après avoir choisi une carte de visite parmi celles présentées sur cette page, ils adaptent le dialogue aux nouvelles données de la situation: autre entreprise, autre interlocuteur.
- Lors de la mise en commun, chaque groupe présente aux autres apprenants sa conversation téléphonique.

Cette deuxième manière de procéder a l'avantage de compléter le savoir-faire au téléphone introduit en leçon 9 et permet aux apprenants d'acquérir des structures fondamentales comme: «C'est de la part de qui? Ne quittez pas, je vous le passe. Je téléphone pour...».

GRAMMAIRE

Le futur proche et le passé récent
- Les apprenants prennent connaissance de la formation et du sens du futur proche et du passé récent à partir des illustrations et du contenu des deux encadrés.
- **Le futur proche** sans indication de temps indique un événement ou une action immédiat(e), lorsque l'on y adjoint une expression de temps, il sert à exprimer un futur plus ou moins lointain.
- **Le passé récent** indique un événement ou une action qui vient d'avoir lieu et s'emploie sans précision de temps.
- Les apprenants recherchent dans le dialogue de la page 85 les phrases comportant un futur proche ou un passé récent.

Solutions:
Passé récent: «Je viens de recevoir une lettre...».
Futur proche: «Tu vas voir...» «ça va marcher» «mes parents vont être contents» «il va falloir vendre»

❸ Les apprenants lisent la carte postale n° 1 et soulignent tous les verbes au futur proche qui s'y trouvent.

Solutions:
Nous allons partir, les enfants vont changer, nous allons visiter, je vais t'envoyer

❹ Les apprenants s'inspirent de la carte n° 1 pour rédiger la carte postale n° 2 en employant le passé récent.

Solution:
Nous venons d'arriver à Strasbourg. Benoît vient de commencer à travailler chez SG 2. Les enfants viennent de rentrer de l'école: ils ont déjà trouvé des amis ici. Nous venons de vendre notre maison de Paris et de finir de déménager. Voici mon nouveau numéro de téléphone:...
Grosses bises
Il ne s'agit que d'une version possible, l'exercice étant très ouvert!

❺ Les apprenants complètent les phrases de l'exercice en mettant le verbe entre parenthèses au futur proche.

Solutions:
a. Il va passer un entretien.
b. Nous allons manger au restaurant.
c. Ils vont chercher un appartement.
d. Elles vont le visiter.
e. Elle va partir aux Antilles.
f. Il /elle va prendre le métro.

❻ Les apprenants observent les illustrations pour s'imprégner des différentes situations.
- Ils écoutent la cassette et repèrent pour chaque illustration si la phrase est au passé récent ou au futur proche.
- Ils réécoutent et complètent les bulles (avoir recours à la touche pause pour laisser aux apprenants le temps d'écrire).
- Lors de la mise en commun, l'enseignant écrit les phrases au tableau.

Solutions:
Désolée, il vient de partir.
Et maintenant, vous allez entendre une chanson de Patricia Kaas.
Ce week-end, il va faire très beau en Bretagne!
Demain, vous allez rencontrer le grand amour!

❼ Les apprenants réfléchissent à au moins trois bonnes résolutions dont ils font part au groupe. Ils peuvent également travailler en tandem.

Autres possibilités:
- Chaque apprenant rédige trois bonnes résolutions sur une fiche.
- L'enseignant ramasse les fiches et les redistribue de manière à ce que personne n'ait sa propre fiche en mains.
- Les apprenants partent à la recherche de l'auteur de la fiche qu'ils détiennent désormais en posant la question «Qu'est-ce que tu vas faire l'année prochaine?» à tous les apprenants qu'ils rencontrent.
- Eventuellement, chacun présente les bonnes résolutions de l'auteur de la fiche qu'il détient.

ou bien encore:
- L'enseignant présente aux apprenants des photos de personnages célèbres du monde du sport, de la politique, de la culture...
- Ensemble, les apprenants réfléchissent à ce que ces personnages vont faire l'année prochaine.

Les bonnes résolutions: ce sont toutes ces choses que l'on se promet de faire «cette année». On les prend généralement le 1er janvier et on les oublie... Ce sont en général des choses que l'on se promet de faire depuis des années et qu'on ne fera vraisemblablement pas encore cette année: arrêter de fumer par exemple, faire du sport...

La négation (suite)
- Commencer par rappeler le fonctionnement de la négation avec ne...pas et ne...plus: les deux éléments de la négation encadrent le groupe verbal, c'est-à-dire le verbe (à un temps simple) ou l'auxiliaire (à un temps composé) plus éventuellement un pronom personnel objet.
- Les apprenants prennent connaissance de l'existence d'autres négations à partir de la bande dessinée et en observent le fonctionnement.

Solution:
Ils remarquent que ne...rien et ne...jamais fonctionnent comme ne...pas et ne...plus: au passé composé, les deux termes de la négation encadrent l'auxiliaire alors que dans le cas de

ne...personne, le deuxième terme de la négation se trouve rejeté après le participe passé.

❽ Les apprenants prennent connaissance de l'ensemble des phrases avant de terminer celles qui sont incomplètes.

Solutions:
c. Il n'a pas d'amis.
d. Elle fait encore du tennis.
e. Elle ne cherche jamais ses clés.
f. Il n'invite jamais personne.
g. Elle fait quelque chose.

❾ Les apprenants s'inspirent des réponses pour formuler les questions qui conviennent (veiller à ce qu'ils utilisent les trois manières de poser une question en français).

Solutions:
a. Vous avez déjà travaillé à l'étranger?
b. Est-ce que vous avez déjà travaillé en Allemagne?
c. Vous ne connaissez pas l'Alsace?
d. Avez-vous déjà travaillé à Strasbourg?
e. Vous ne connaissez personne là-bas?
f. Avez-vous reçu qurlque chose?
g. Vous ne prenez rien?

3 Annonces immobilières

❶ Les apprenants lisent les deux annonces immobilières (faire dissimuler le reste de la page).
- L'enseignant les lit à voix haute et en explique les différents termes (différence pièce – chambre notamment).
- Distribuer le plan de l'annexe 13.
- Les apprenants complètent le plan en y inscrivant le nom des différentes pièces.
- Ils «font visiter» l'appartement ou la maison à leur voisin(e) comme s'ils étaient des agents immobiliers.

Autre possibilité:
- Les apprenants esquissent le plan de leur appartement ou de leur maison et inscrivent le nom des différentes pièces.
- Chacun rédige une petite annonce comme s'il voulait mettre en vente sa maison ou son appartement et le soumet à l'enseignant.
- Les apprenants affichent leur petite annonce au tableau.
- Lorsque toutes les petite affiches figurent au tableau, les apprenants les lisent comme s'ils étaient à la recherche d'un appartement ou d'une maison.
- Lorsqu'ils ont trouvé une annonce correspondant à ce qu'ils recherchent, ils vont en trouver le propriétaire qui leur fait visiter les lieux (à l'aide du plan ébauché précédemment).

i

Pièce: lorsqu'un appartement a quatre pièces (F4), cela signifie: une salle de séjour et trois chambres, la salle de bains, les toilettes et la cuisine étant sous-entendues car toujours présentes, même si les toilettes sont souvent dans la salle de bains et si la cuisine peut être réduite à sa plus simple expression – en ce cas, on précise coin cuisine ou kitchenette qui fait plus chic! -. Une chambre est automatiquement une chambre à coucher.
Numérotation téléphonique: depuis le 18 octobre 1996, la France est divisée en 5 zones de huit chiffres, chaque zone ayant un préfixe de deux chiffres: pour la région parisienne 01, l'Ouest 02, l'Est de la France: 03, le Sud-Est et la Corse 04 et le Sud-Ouest 05. Pour téléphoner d'Allemagne en France faites le 00-33 puis le numéro de votre correspondant sans le 0. Pour appeler l'Allemagne à partir de la France faites le 00-49 puis le numéro de votre correspondant sans le 0.

❷ Demander aux apprenants s'ils préfèrent la maison ou l'appartement et pourquoi? Qu'est-ce que Benoît et Petra devraient choisir à leur avis? Et pourquoi? Ecrire les différents arguments au tableau et s'arranger pour que les apprenants évoquent des raisons qu'ils retrouveront dans le dialogue par la suite.

- Les apprenants découvrent le tableau pour/contre mais continuent à dissimuler le dialogue.
- Diviser la classe en quatre groupes: le premier groupe se concentrera sur les avantages, le deuxième sur les inconvénients que présente la maison, le troisième sur les avantages et le quatrième sur les inconvénients que présente l'appartement.

Cette manière de procéder permet d'éviter aux apprenants d'avoir à se concentrer sur trop d'éléments différents à la fois. Elle renforce la cohésion du groupe dans la mesure où la collaboration de tous les apprenants est nécessaire pour parvenir au résultat demandé dans la consigne de l'exercice.

- Les apprenants écoutent la cassette.
- Les groupes se consultent et réécoutent pour vérifier ou préciser leurs premières hypothèses.
- Chaque groupe choisit un rapporteur qui présente les résultats de son groupe.
- L'enseignant les consigne au tableau et les complète le cas échéant, puis chaque apprenant les reporte dans le tableau du livre.

Solutions:
Maison
Pour: elle est grande, c'est calme, il y a un jardin.
Contre: elle est à 10 kilomètres de Strasbourg donc il faut prendre la voiture pour emmener les enfants à l'école, il faut l'acheter et la restaurer.
Appartement
Pour: il est au centre ville de Strasbourg, il est à louer.
Contre: il est trop petit, il y a du bruit au centre ville.

❸ Les apprenants expliquent pourquoi ils habitent en ville ou à la campagne en s'aidant des expressions figurant dans le tableau récapitulatif.

Autre possibilité:
- L'enseignant recense parmi les apprenants ceux qui habitent en ville et ceux qui habitent à la campagne.
- Former deux groupes: d'un côté les adeptes de la ville, de l'autre les adeptes de la campagne.
- Chaque groupe prépare une liste répertoriant les avantages que présente la vie à la campagne/la vie en ville en s'aidant des expressions figurant dans le tableau récapitulatif. L'enseignant passe de groupe en groupe et prodigue conseils et suggestions.
- Organiser un débat entre les deux groupes qui confrontent leurs arguments et essaient de se convaincre mutuellement. L'enseignant veille au respect des temps de parole.

4 Phonétique

Commencer par présenter les sons de la page à l'aide des illustrations et du support sonore.

❶ Les apprenants écoutent l'enregistrement et procèdent à un premier repérage sans écrire.
  - Lors de la deuxième écoute, ils cochent dans la colonne correspondant au son qu'ils ont identifié.

Solutions:
[p]: 1, 3, 4, 6, 8
[b]: 2, 5, 7, 9, 10

Transcription:
1 pain
2 boire
3 port
4 père
5 bière
6 pont
7 blond
8 puce
9 bus
10 bise

❷ Les apprenants prennent connaissance du contenu de la boîte à rimes.
  - Ils regroupent les vers qui vont ensemble.

Solutions:
Le beau Bruno mange des pruneaux ou passe prendre un pot.
Quand il fait beau, passe prendre un pot ou mange des pruneaux!
A Aix-les-Bains, prends donc du pain.
Rendez-vous au port, tout le monde à bord!
La belle brune préfère les prunes.
Où passe le bus pour aller aux puces?
Mille bises de la tour de Pise.

Autre possibilité:
- Reproduire chaque vers sur une fiche cartonnée.
- Répartir les fiches entre les apprenants.
- Chacun part à la recherche du vers qui est complémentaire à celui qu'il a entre les mains.
- Composer un poème à partir des vers reconstitués et lui donner un titre.

❸ Reproduire chaque vers du divertissement sur une fiche cartonnée de manière à obtenir autant de fiches que le groupe comporte d'apprenants.
  - Distribuer une fiche par apprenant.
  - Faire écouter la cassette: lorsqu'ils entendent prononcer le vers qu'ils ont entre les mains, les apprenants se lèvent.
  - Les apprenants ouvrent le livre et écoutent le divertissement pour le plaisir cette fois.

Pour aller plus loin:
  - Les apprenants répertorient les mots comportant le son [p] port, Tréport, paquebot, part, Panama, peut, pont, pépés, papas, perplexes, perdus, pensées, copain, pipe).
  - Ils se concentrent sur cette liste pendant deux minutes pour la mémoriser.
  - L'enseignant lance une balle à un apprenant en nommant un mot comportant le son [p] et issu de la liste, l'apprenant s'empare de la balle, la relance à un autre apprenant en nommant un autre mot de la liste différent du premier, etc. jusqu'à épuisement des mots. Lorsqu'un apprenant se trompe, il est éliminé.

– Procéder de manière analogue avec les mots comportant le son [b] (bord, paquebot, bien, barbus, bébés, bambins, belles, brunes, bleu, beaux, blonds, bronzés, Benoît, bois).

Aix-les-Bains: en Savoie sur la rive Est du lac du Bourget; 24 826 habitants. Station thermale. Syndicat d'initiative: pl. Maurice Mollard 73100 Aix-les-Bains.
Le Tréport: commune de Seine-Maritime; 6 287 habitants. Station balnéaire. Syndicat d'initiative: Pont Jean-Ango 76200 Dieppe.

5 Civilisation: en France, c'est comme ça!

Facettes 1 s'achève et avec le manuel, peut-être le semestre. C'est le moment idéal pour prévoir un séjour en France afin de tester ses connaissances. C'est dans cette perspective qu'a été conçue la dernière page de civilisation du manuel: donner en plus des connaissances purement linguistiques quelques éléments de savoir-vivre dont la méconnaissance peut entraîner dans les rapports des apprenants avec les Français des malentendus d'autant plus fâcheux qu'ils ne sont pas explicités.

❶ Présenter les deux rubriques: le restaurant et l'invitation à domicile.
  – Les apprenants font correspondre rubriques et illustrations en reportant le chiffre qui convient.

Solutions:
1. <u>On n'arrive pas à l'heure à une invitation, mais un quart d'heure après:</u> la personne a bien été invitée pour vingt heures, mais aurait dû arriver vers 20 h 15, en arrivant à l'heure exacte, elle dérange la maîtresse de maison qui a encore un torchon à la main.
   On offre un bouquet de fleurs avec son papier d'emballage: les fleurs en France sont emballées dans une feuille de cellophane, emballage transparent qui ne dissimule en rien la splendeur du bouquet.
2. **On ne s'assoit pas à une table déjà occupée:** c'est une faute culturelle grave, les Français considérant la table à laquelle ils mangent comme appartenant à leur sphère intime: ils ne la partagent pas avec n'importe qui! La réaction risque donc d'être assez virulente.
3. **On ne paye pas séparément son repas:** lorsque l'on mange avec d'autres personnes au restaurant, le serveur apporte une addition globale. Les différentes personnes paient de fait chacune leur part, mais le serveur n'encaisse qu'une seule fois. Il n'est pas rare d'ailleurs que de nombreux problèmes surgissent au moment du règlement: on constate qu'il manque de l'argent et pourtant chacun affirme avoir payé sa part!... La demande d'additions séparées est en général assez mal accueillie par le serveur.
4. **On laisse le pourboire sur la table:** il n'est pas d'usage d'arrondir le montant de l'addition lorsque l'on souhaite laisser un pourboire. Il convient de payer d'abord, le serveur rapporte la monnaie dans l'assiette où se trouvait précédemment l'addition et s'en va. C'est à ce moment-là et à ce moment-là seulement que l'on donne un pourboire, qu'on laisse dans la soucoupe.

❷ Les apprenants se mettent à présent à la place d'un Français venant dans leur pays pour la première fois et répertorient les fautes culturelles qu'il pourrait commettre.

Solutions:

1.

Leurs enfants, ils *les* mettent à l'école européenne.
Notre maison, il va falloir *la* vendre, car nous
partons pour Marseille.
Vos vacances, vous *les* aimez actives ou repo-
santes ?
Son acteur préféré, c'est Gérard Depardieu. Elle
va voir tous *ses* films. Mais, elle ne *l'*a jamais
rencontré.
Leurs vacances, Pierre et Lucie *les* passent toujours dans le Midi dans *leur* famille.
Mes amis arrivent par le train de 11 h 47. Je
vais *les* chercher à la gare.

2.

*Le 13 juillet, il a fait un temps magnifique. J'ai
pris mon petit déjeuner à la terrasse d'un café.
Puis j'ai visité le vieux Nice et acheté une
lampe au marché des antiquaires. A 13 h 30,
j'ai mangé avec Nicole au resto «Le petit
Niçois». L'après-midi, nous sommes allées voir
l'exposition Matisse au musée d'art moderne. Le
soir, nous avons pris l'apéritif chez Eliane et
Jean-Luc et nous sommes allés tous ensemble à
un concert de jazz à Antibes.*

3.

+ : *il n'oublie rien, il ne critique personne, il
n'est pas arrogant, il n'arrive jamais en
retard, il n'est jamais malade, il ne quitte
jamais le bureau avant 19 h 30, il ne prend
jamais cinq semaines de vacances*
– : *il n'a plus de dossiers importants, il n'accepte pas les critiques, à 10 heures du
matin, il n'est pas encore arrivé au bureau,
il ne va pas rester longtemps dans l'entreprise, il n'aime pas son travail*

4.

*Invitation: 1. Aller au cinéma / 2. Prendre
l'apéritif / 3. Une partie de tennis / 4. Manger
au restaurant japonais
La personne accepte : 1. Oui, pourquoi pas ? /
2. Volontiers.
La personne refuse. Pourquoi ? : 2. Je suis
désolée, mais nous passons le week-end à Chartres, chez ma fille. / C'est gentil, mais ce soir, je
ne peux pas. Non, non, pas ce soir !*

Transcription :

❶ *«Oui, allô?*
– *Salut, Martine! C'est Sophie. Tu as envie
d'aller au cinéma voir le dernier film de
Tavernier?*
– *Oui, pourquoi pas? Le film est à quelle
heure?*
– *A huit heures et demie. Tu passes chez
moi?*
– *D'accord.»*

❷ *«Oui, j'écoute?*
– *Bonsoir, c'est Mme Chavernac à l'ap-
pareil.*
– *Ah! Quelle surprise! Comment ça va?*
– *Très bien, merci. Vous prenez prendre
l'apéritif, samedi soir?*
– *Non, je suis désolée, mais nous passons le
week-end à Chartres, chez ma fille.*
– *C'est dommage! Alors, bon week-end!*
– *Merci, à bientôt! »*

❸ *«Allô?*
– *Salut, Bruno. Dis, tu es libre dimanche
matin?*
– *Oui, je pense.*
– *Tu es d'accord pour une partie de tennis?*
– *Volontiers. Il fait un temps magnifique en
ce moment!*
– *J'ai réservé le court pour 11 heures, ça
va?*
– *D'accord! A dimanche, au club.»*

❹ *«Oui?*
– *Bonjour, maman! On va manger au
restaurant japonais, ce soir, tu viens avec
nous?*
– *C'est gentil, mais, ce soir, je ne peux pas.
J'attends un coup de téléphone de ton
père et puis.... tu sais, moi, la cuisine
asiatique...*
– *Allez... Viens!...*
– *Non, non, pas ce soir.»*

5.
*Vrai : a, c, f, h
Faux : b, d, e, g, i*

Bibliographie

Autoformation

BERTOCCHINI, P. COSTANZO, Edvige, *Manuel d'autoformation à l'usage des professeurs de langue*, Hachette 1989

DALGALIAN, Gilbert; LIEUTAUD, Simonne; WEISS, François, *Pour un nouvel enseignement des langues*, coll. DLE, CLE International, 1981

TAGLIANTE, Christine, *La classe de langue*, coll. Techniques de classe, CLE International, 1994

Créativité et activités ludiques

JACQUET, Jacqueline; PENDANX, Michèle, *A juste titre*, coll. OPAL, Credif/Didier-Hatier,

Landesverband der Volkshochschulen Niedersachsens e.V., *Spiele im vhs-französisch-unterricht*, 1981

UR, Penny; WRIGHT, Andrew, 111 *Kurzrezepte für den Französisch-Unterricht*, Klett Verlag, 1994

WEISS, François, *Jeux et activités communicatives dans la classe de langue*, coll. autoformation, Hachette, 1983

Grammaire

ABRY, Dominique; CHALARON, Marie-Laure, *La grammaire des premiers temps*, Presses Universitaires de Grenoble (Pug), 1996

ABRY, Dominique; CHALARON, Marie-Laure; VAN EIBERGEN, Joëlle, *Présent, passé, futur*, Pug, 1985

BERARD, Evelyne; LAVENNE, Christian, *Modes d'emploi, exercices pour l'apprentissage du français*, Hatier-Didier, 1992

CHALARON, Marie-Laure; RŒSCH Roselyne, *La grammaire autrement, sensibilisation et pratique*, Pug, 1984

GREGOIRE, Maïa; THIEVENAZ, Odile, *Grammaire progressive du français*, CLE International, 1995

Phonétique

ABRY, Dominique; CHALARON, Marie-Laure, *Phonétique*, coll. Exerçons-nous, Hachette Fle, 1994

ELUERD, Roland, *Pour aborder la linguistique, initiation-recyclage*, coll. sciences de l'éducation, Esf éditeur, 1977

KANEMAN-POUGATCH, Massia; PEDOYA-GUIMBRETIERE, Elisabeth, *Plaisir des sons*, coll. Phonétique du français, Hatier-Didier, 1991

YAGUELLO, Marina, *Alice au pays du langage, pour comprendre la linguistique*, Seuil, 1981

Civilisation

CUQ, Jean-Pierre, *Le français langue seconde*, coll. Références, Hachette, 1991

Dictionnaire Hachette Encyclopédique 1994, Hachette, 1993

FREMY, Dominique et Michèle, *Quid 1997*, Robert Laffont, 1996

Guides Voir, France, Hachette, 1995

HALL, Edward T., *Au-delà de la culture*, coll. Essais, Points, Seuil, 1979

HALL, Edward T., *La dimension cachée*, Points, Seuil, 1971

LIEHR, Günter, *Frankreich, ein Reisebuch in den Alltag*, Rowohlt, 1986

MAUCHAMP, Nelly, *Les Français, mentalités et comportements*, CLE International, 1996

MERMET, Gérard, *Francoscopie 1997, comment vivent les Français*, Larousse-Bordas, 1996

PEYROUTET, Claude, *La France touristique*, coll. Repères Pratiques Nathan, Nathan, 1995

WALTER, Henriette, *Le français dans tous les sens*, Robert Laffont, 1988

WICKERT, Ulrich, *Und Gott schuf Paris*, Hoffmann und Campe, Hamburg, 1993

YAPP, Nick; SYRETT, Michel, *Die Franzosen pauschal*, Fischer, 1997

ZEIDENITZ, Stefan; BARKOW, Ben, *Die Deutschen pauschal*, Fischer, 1997

LES RÉGIONS ADMINISTRATIVES DE LA FRANCE

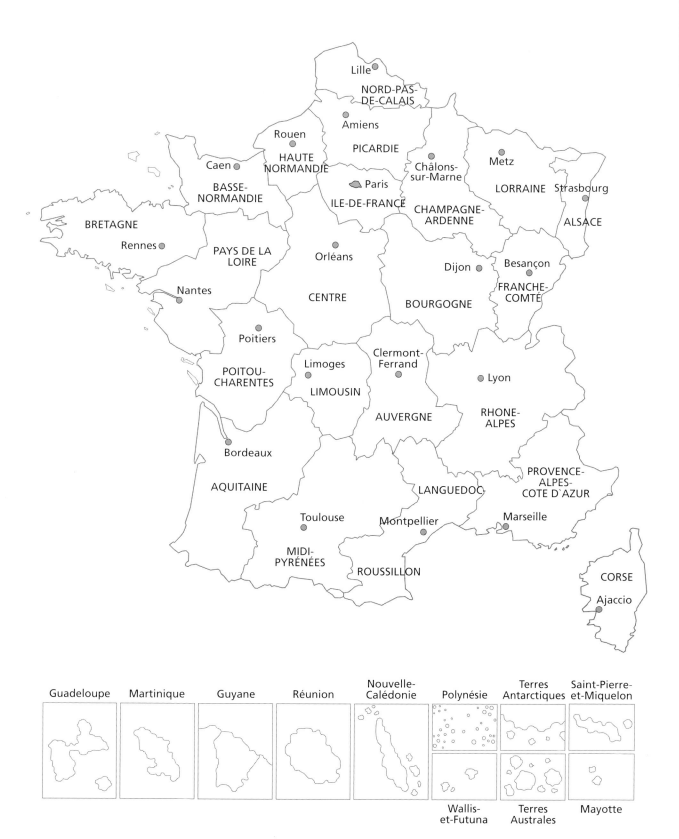

Lille

NORD-PAS-
DE-CALAIS

Amiens

Rouen
PICARDIE

HAUTE
NORMANDIE

Caen

Châlons-
sur-Marne
Metz

BASSE-
NORMANDIE

Paris
LORRAINE
Strasbourg

ILE-DE-FRANCE
CHAMPAGNE-
ARDENNE
ALSACE

BRETAGNE

Rennes

PAYS DE LA
LOIRE

Orléans

Dijon
Besançon

BOURGOGNE
FRANCHE-
COMTÉ

Nantes

CENTRE

Poitiers

Clermont-
Ferrand

Limoges
Lyon

POITOU-
CHARENTES

LIMOUSIN

AUVERGNE
RHONE-
ALPES

Bordeaux

AQUITAINE

PROVENCE-
ALPES-
COTE D'AZUR

LANGUEDOC

Toulouse
Montpellier
Marseille

MIDI-
PYRÉNÉES

ROUSSILLON

CORSE

Ajaccio

Guadeloupe | Martinique | Guyane | Réunion | Nouvelle-Calédonie | Polynésie | Terres Antarctiques | Saint-Pierre-et-Miquelon

Wallis-et-Futuna | Terres Australes | Mayotte

être à Lyon	être à Clermont-Ferrand	être à Montpellier
être à Hambourg	être place du Temple	être place d'Italie
être rue des Rosiers	être ingénieur	être architecte
être coiffeur	être notaire	être secrétaire
être pianiste	être journaliste	être optimiste
être dynamique		être triste

hystérique

critique

triste

dynamique

pessimiste

euphorique

optimiste

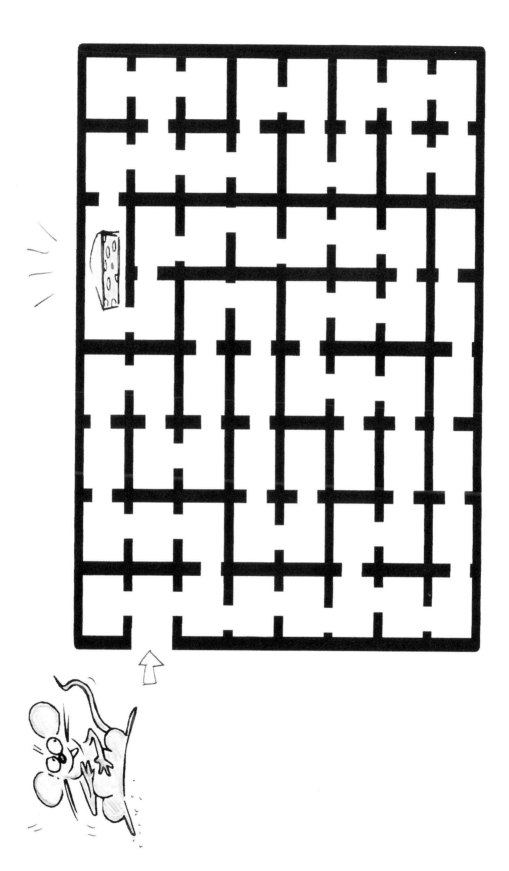

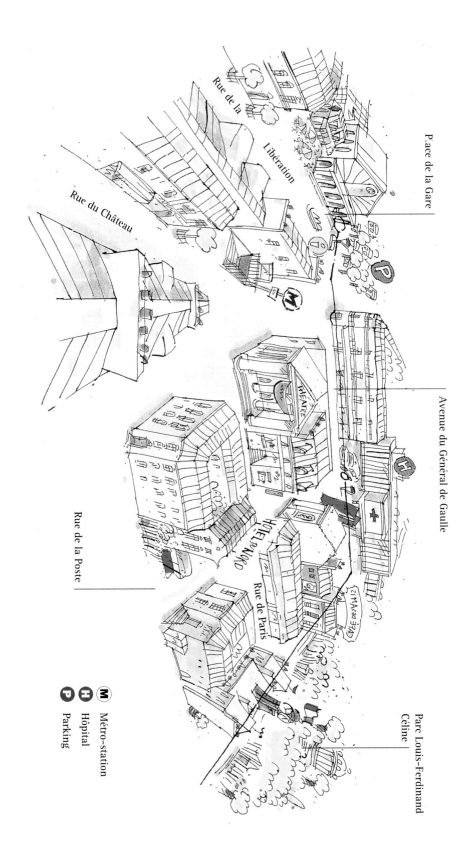

Rue de la Libération

Rue du Château

Place de la Gare

Avenue du Général de Gaulle

Rue de la Poste

Rue de Paris

HOTEL DU NORD

THÉÂTRE

Parc Louis-Ferdinand Céline

M Métro-station
H Hôpital
P Parking

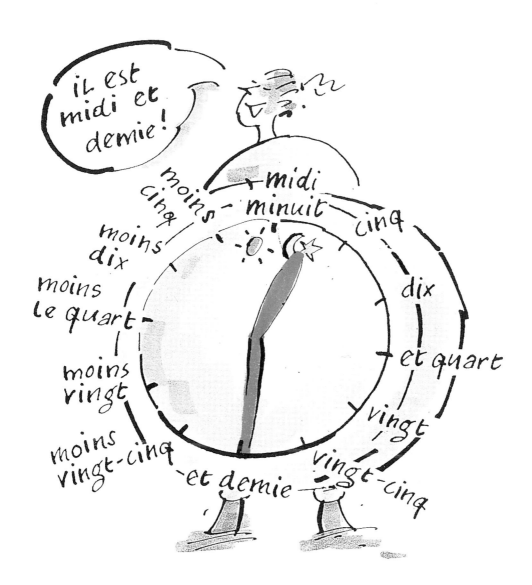

8h30	9h30	10h15
12h40	14h	16h
18h05	21h10	23h30

6h	9h	11h20
13h	14h10	16h30
18h15	21h50	22h05

8h20	10h	15h40
16h50	17h10	20h15
19h45	21h30	21h

9h05	11h35	12h30
13h	14h45	17h20
19h15	22h	23h55

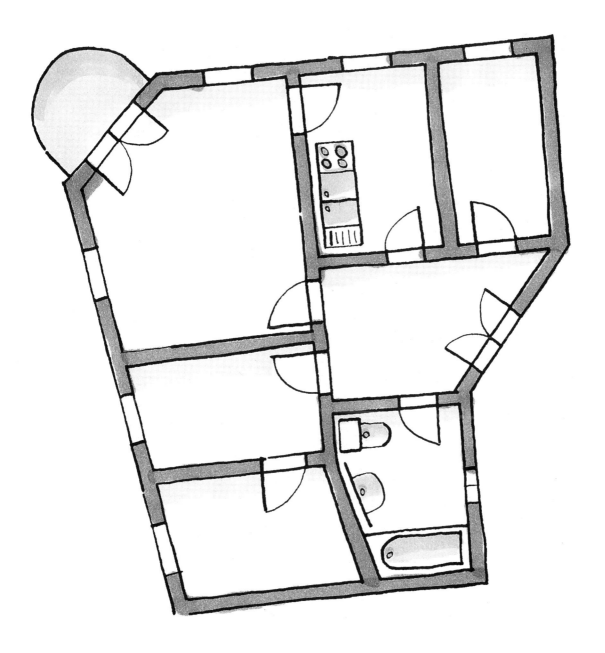